銀信傳情叢書

僑批兩地情

僑批中的家國情懷

沈建華 著

中華書局

本書合作單位：

汕頭市潮汕歷史文化研究會

汕頭市潮汕歷史文化研究中心

前　言

　　饒宗頤教授曾經給僑批研究多次題詞：「媲美徽學」「潮學前導」……這
給潮學研究指明了前途和方向；僑批研究可以做出與徽學（以「契約」為
特色）相媲美的成果；僑批是潮學的前導，由此加深和拓寬潮學的研究領
域，使潮學更加發揚光大。

　　饒老在《中國史籍類選》序中説：「盈天地間之一切資料，無非史也。」
這一真知灼見，成了我們收集和解讀僑批的指南。我給自己定的要求，是
百分之九十八的僑批都要是自己收藏的。只有確實因為行文的需要，而自
己又難於收集到的，才應用別人的僑批進行評述，並註明出處。

　　僑批的研究，發端於集郵界，但他們偏重於僑批封的收集和研究，如
批局的成立和發展、郵路郵戳的變更、批信局的操作等等，這些方面的研
究探討已經碩果纍纍，自知不可能從這個方面再有超越的可能，因而另闢
蹊徑，另導它路，不從「封」而從「信」入手。話是不錯，一着手，看到
的大多數是「兩地平安、奉銀若干」的標準件，談及世態人事者，百不得
一，真要從內容入手，談何容易？然而，難，才能有深度，於是明知山有
虎偏向虎山行，自討苦吃，硬着頭皮做下去。

　　僑批的收集，我是初來乍到的拾荒者，靠着前輩同行的指點迷津、提
供信息；憑着「願傾肝膽尋相識、料想前頭必有緣」的信念，沖州撞府、
走街串巷，扮演了「拾荒者」的角色；自然也經歷了東奔西走、勞而無功
的無奈，花錢不少，所得無多的歎惜。而偶然發現新大陸，左右採穫的興
奮，無意間拾漏的慶幸，得到的是足夠的補償。

　　幾年下來，居然頗有收穫，斷墨殘楮，吉光片羽，視同寶貝，蒐集了
近萬封批信。其中有清末民初早期僑民流寓海外、四方漂泊、篳路藍縷、

櫛風沐雨的場面描述；有近代家鄉災害頻仍境況、海外僑民奮力支援的記載；有二十世紀 20 年代濟南慘案的發生和海外華僑反日的義舉的原始記錄；有二十世紀三四十年代對日本侵略者的罪惡行徑的揭露、海內外同胞一致抗日的雄心壯志和必勝信念的記述，有對戰後民生凋敝、民窮國困、金融崩毀、米珠薪桂、啼飢號寒、民不聊生的傾訴；有 1949 年對解放的歡呼以及人民政府對僑民的優待政策的反映，等等。

而最多的是海外遊子給父母、妻子和兒女的批信，幾乎每一封都寄來帶着血汗的批銀，充分體現了兩地情，令人十分動容，信中充滿對父母感恩和回報的孝心，充滿對子女教育和對他們前途的期盼，而最為凄楚動人的是夫妻新婚離別時，隔洋相望、苦思甜想、久別當歸的真情流露。我們還可以看到華僑艱辛勞作、克勤克儉、布衣蔬食、白手起家的創業史。透過這些塵封的批信，我們看到的是一頁頁歷史的真實記載，其寶貴的歷史文獻價值，由此可見。數以千萬計的僑批，不僅是一張張匯款憑證，而且是社會歷史的真實見證，有着深刻的文化內涵，它滲透着海外僑胞的汗水和血淚，蘊含着他們對祖國、對故里的一片深情，昭示着他們對家庭親人的關愛和責任，充滿着愛國心、鄉情意和人情味，洋溢着中華民族傳統的真摯感悟。

本書分為篳路藍縷、殷殷赤心、風月同天、勠力同心 4 個部分。我收集的僑批不過是滄海一粟，選用的更少，本書所揭示的也只是冰山一角，但足以反映華僑的文化思想歷史。

作者

目　錄

前　言　/iii

篳路藍縷：海外謀生的實景訴說

一、言而有信，欠債還錢　　　　/003

二、省幣短命，百姓吃虧　　　　/007

三、日食難度，勸阻出洋　　　　/010

四、團結協作，肝膽相照　　　　/017

五、經濟不振，影響生計　　　　/019

六、椰園種植，艱難維持　　　　/022

七、歸國受阻，寸步難行　　　　/026

八、妻子出洋，不讓鬚眉　　　　/032

九、教師生活，寄人籬下　　　　/033

十、幾家辛苦，幾家憂愁　　　　/036

十一、給雙親報喜不報憂　　　　/037

十二、潮商精神，積極進取　　　　/043

十三、刻苦耐勞，克己利人　　　　/046

殷殷赤心：反哺家鄉親人的點滴記錄

一、番畔錢銀唐山福　　　　　/056

二、知恩圖報，寄錢救災　　　/059

三、一方有難，多方支援　　　/060

四、真誠相助　肝膽相照　　　/062

五、投資家鄉，改善生活　　　/065

六、郵儲收批，解救僑眷　　　/067

七、親人衣食，無微不至　　　/069

八、生活匱乏，僑滙支持　　　/077

九、家鄉公益，熱情捐助　　　/080

十、家鄉公益，積極傾注　　　/083

十一、救濟親戚，無微不至　　/085

十二、逢年過節，面面俱到　　/091

十三、勸誡子女，用心良苦　　/095

十四、子女教育，念念不忘　　/097

十五、典田葬父，寄錢贖回　　/103

十六、孝字當先，冷暖掛懷　　/104

十七、心繫長輩，細緻入微　　/109

十八、動員華僑歸國建設　　　/116

共紓國難：戰亂年代的苦難控訴

一、軍閥混戰，憂心父老　　　/120

二、關心時政，聲討日寇　　　/123

三、同仇敵愾，募捐抗日　　　/126

四、批信受檢，忍氣吞聲　　　/130

五、日佔時期，軍票之禍　　　/134

六、十四年抗戰，忠實記錄　　　/137

七、汕頭被佔，華僑驚駭　　　　/155

八、日寇罪行，家書控訴　　　　/156

九、筆筆記錄，索賠清單　　　　/161

勠力同心：重建家國的真實心聲

一、集腋成裘　支援築堤　　　　/170

二、戰後復通，亂象叢生　　　　/172

三、天災人禍，僑眷困苦　　　　/179

四、內戰又起，歸國無望　　　　/186

五、全國解放，歡欣鼓舞　　　　/188

六、「新唐」往來，阻難重重　　　/197

七、全新氣象，海外宣傳　　　　/203

八、重視僑匯，政策指導　　　　/206

九、華僑房屋，落實政策　　　　/211

附錄

一、清末僑民的流寓圖　　　/214

二、來自饒宗頤教授故里的清末民初僑批　　　/218

篳路藍縷：海外謀生的實景訴說

出國華僑，多是本土窮人，生計艱難，乃遠赴重洋。炎方異域，非地上天宮、黃金沒膝；新唐老唐，皆篳路藍縷，遍歷艱辛。既要養家餬口，又要積累創業，其間櫛風沐雨，布衣蔬食，含辛茹苦，萬般艱難，非後人可以想見。其中不少人幾代拚搏，歷經百載，開拓進取，積微成著，自強不息，海納百川，終至大業有成。

有潮水處就有潮人，潮人善於奮發拚搏，艱苦創業。詩仙李白高歌曰：「乘風破浪會有時，直掛雲帆濟滄海。」豪情滿懷，氣概非凡，真潮人精神之寫照也！善於經商、勇於創業是潮人的優秀特質，這種優秀特質是在近千年的艱苦奮鬥的過程中形成的。

首先是有窮則思變、勇於開拓的精神。潮人為什麼去「過番」？那是因為窮，「食到無，揹起包裹過暹羅。」家裏窮得都揭不開鍋了，還不走嗎？明知「行船三分命」，明知漂洋過海，九死一生，但與其坐在家中坐着等餓死，毋寧到海那邊去謀生，此所謂「無苦奈何舂甜粿」。

其次是面對惡劣的環境，忍辱謀生、艱苦奮鬥的堅韌品質，「人面生疏、番仔擎刀」，「日出乞日爆，雨落乞雨沃，所食淖飲糜，所擎大杉木」，「阿老叔，腳曲曲，三輪車，刻苦遢」，幹的都是苦力活。

再次是具有商業意識，善於抓住商機的本領。「細細生意會發家」的商業意識是潮人共識，一旦有了機會，哪怕借貸，也願意為此去冒險，其實這是一種膽識。善於抓住商機，敢為人先，才能成就大事。

一、言而有信，欠債還錢

華僑下南洋謀生，大都是因為家庭經濟困難，為尋求突破才不得不遠走他鄉。為了湊足下南洋的路費，他們有的需要賣田賣屋，有的需要向親友籌借。但華僑出國之後，不管情況多艱難，也會把欠錢的事謹記於心，在海外辛苦掙下的血汗錢，第一時間就會還清借款。「省幣」是陳濟棠治理廣東時發行的鈔票，在民國廿五年（1936）發行一年多便宣佈停止流通。

圖 1.01，是泰國華僑惟良（小名友能）給家裏寄來的僑批，批信中寫道：「承船往汕，寄去中央幣廿五元，內取中央銀十五元、廣東銀五元共廿元送還親家可耳，以中央、廣東二樣，需欲分明。」

寄批的時間為民國廿六年（1937）三月初八日，這時，「省幣」壽終正寢已久，可這位華僑卻還強調需要分清這兩種貨幣，這是為什麼呢？

翻過信的背面，上面有附言：「注意 前借親家的銀中央十五元、廣東五元，將此送還。」應該是僑批寫好後，覺到信中沒有說明白，正所謂「忽恐匆匆說不盡，行人臨發又開封」，不厭其煩再添寫上去的。

原來他當年出國時，缺少盤纏，向親家借兩種不同的貨幣共 20 元。來到泰國後，「學會了縫衣服的手工」，「今初入商場，工資還無厚利」，但他遵從父母的教誨，勤儉節約，積攢了一點錢，馬上就寄回家還債。從他一再強調要分清兩種貨幣的角度來看，當時中央幣和省幣的幣值是有差別的。

據了解，省幣的幣值要比中央幣高些。這也表現了他「親兄弟、明算賬」的意識，儘管省幣已經「作古」，還是要按價折算還親家。

在僑批中，我們可以經常看到許多華僑出國前向親友借錢做路費，出國後謹記於心，念念不忘，有時拖慢歸還也一再聲明，讓對方放心。新加坡華僑林展開於十一月廿六日寫給祖父的僑批上說：「孫前年來叻（新加坡）之時，多蒙大人賜借國幣壹佰元，但迄今尚無能力可還多少，皆因一為家情所累，一為環境所迫，為孫抱歉得甚，望大人寬諒為荷。候孫一日稍有厚利可得，多少自當寄還，望勿掛焉。」（圖 1.02）該批林展開只寄上國幣 4元，是給祖父買「茶果之需」的。

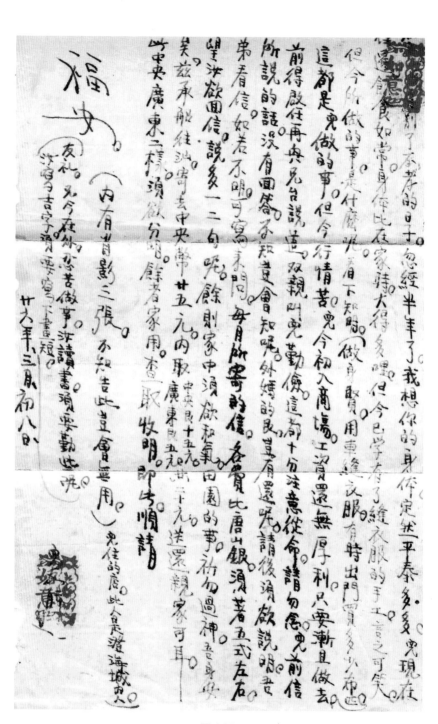

圖 1.01

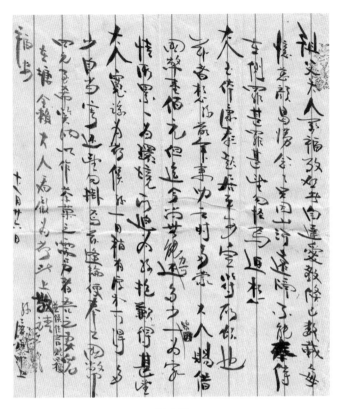

圖 1.02

　　從作者收集到的林展開寫給祖父的幾百封僑批中，每月他都按時寄出僑批，但這是供養祖父的錢，而向祖父借錢做為出國時的路資是另一筆錢，孫子算得一清二楚。華僑惟精在寫給妻子妙椒的批中寫道：「我來吥時在東鳳借銀十元，候我下信自當寄還。」（圖 1.03）

　　他歸還時不只是奉還本金，還給親友外加利息，僑批中一個誠信守約的故事，正是潮人的家風的真實見證。他於戊年（1938）七月初三日寫給妻子妙椒的批信中又提到：「緣我南來時川資不足，借到東鳳母龍（銀）十元，今特寄去國幣十元，以償此額，到時持往東鳳交還，銀水照市貼。」（如圖 1.04）惟精出國時向母親借 10 元龍銀做盤纏，不久，寄錢回來還清借款，但此時的錢幣已變成國幣，雖是自己的母親，仍吩咐妻子要貼還差額和利息。

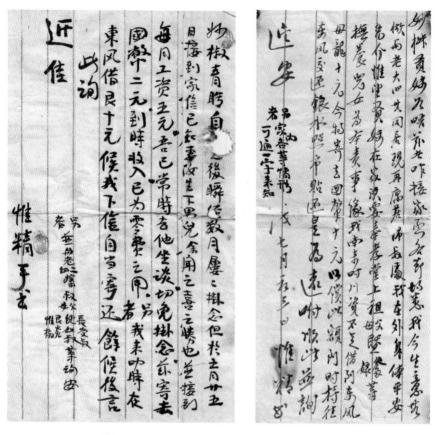

圖 1.03　　　　　　　　　　　　　　圖 1.04

都說借錢容易還錢難，但在誠信為本的家風影響下，華僑對欠下的債務都十分重視。華僑李大孫在解放前向林展開借港幣 70 元，一直拖到 1955 年才還，還錢時他特地貼上 5 元利息（圖 1.05）雖然已改朝換代，而且已過了五六年，但李大孫仍念念不忘，不僅還上本金，還算上利息。潮汕民間有很多俗語，如「老實終久在，積惡無久耐」，「九本一利、官正生理」等，長期在老百姓中流傳，這些俗語簡單易懂，富有生活哲理，成為海外潮人家風家訓的一部分。

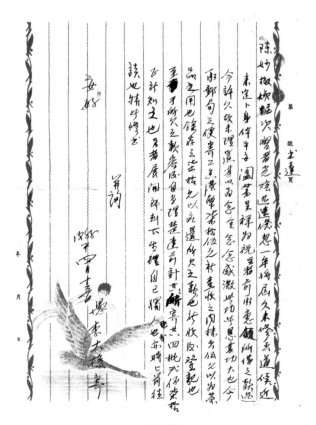

圖 1.05

二、省幣短命，百姓吃虧

以「省幣」為貨幣單位的僑批較少，如圖 1.06，是泰國陳武合於 1936 年給澄邑山邊鄉陳敘來寄來的僑批，上面蓋「訂交廣東法幣」印章。圖 1.07 是泰國華僑惟良於民國廿六年（1937）寫給母親的僑批，上面寫道：「注意，前借親家的銀中央十五元、廣東五元，將此送還。」他把中央幣和省幣明顯區分開來。

根據歷史記載，當年潮屬各縣任何商號均可自行印製紙票，發行量漫無限制，有的發行了比資本多 10 倍的紙票，全潮汕發行總額達到 200

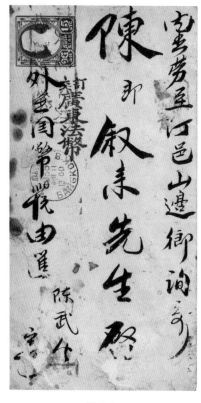

圖 1.06

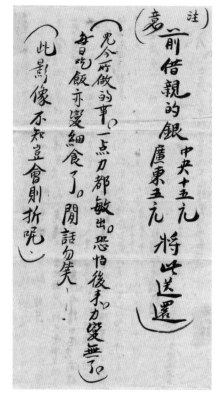

圖 1.07

多萬元。民國二十年到二十四年（1931 年—1935 年），市場發生恐慌，擠兌紙票，無法支付的商號紛紛倒閉，人民受害無窮。於是，政府下令取締紙票，限期商號自行收回。這種現象直至民國廿五年才初步得到遏止。

　　民國二十四年（1935）全國易幣制，廣東省銀行發行銀毫券、大洋券為法定貨幣，政府規定人民不准私藏白銀，一律交銀行計值收購。當時主持廣東省政府的陳濟棠，與中央政府競收白銀，並私自將白銀提價加二給值，引起羣眾紛紛以白銀擠兌大洋券，一時間，大洋券供不應求。上面兩封僑批寫明廣東法幣、廣東幣正是這一時期的「傑作」。

　　民國廿五年（1936）7 月底，陳濟棠失勢，還政中央，但這時發行的大洋券已高達 1960 萬元，幣值暴跌，最後吃大虧的還是老百姓。「省幣」的流

通前後約一年，因此，寄「省幣」的僑批不多，能留存下來的就更少了。但到了 1937 年，一些批局還不明就裏，仍在僑批上加蓋「訂交廣東法幣」的印戳（見圖 1.08）

　　圖 1.09 為民國廿年（1931）年廣東省銀行發行的大洋券，即「省幣」，面值 1 元，上面有財務長沈載和、霍寶樹的親筆簽字，還印上「憑票兌換大洋」的字樣。

　　眾所周知，僑批是「銀信合一」的特殊郵傳載體。因此，我們了解僑批，不單着眼於「信」，也要着眼於「銀」。饒宗頤先生總纂的《潮州志》中就曾經指出：「匯兌僑批及銀行錢莊之盛衰變遷，又皆與金融有密切之關係。」一百多年間，僑批上出現的貨幣，種類繁多，如晚清時期的「英銀」

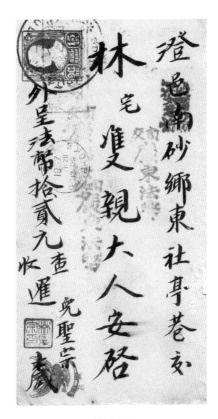

圖 1.08

圖 1.09

「洋銀」「龍銀」「大洋」，民國時期的「法幣」「中央票」「省幣」「金圓券」「銀圓券」「大洋券」，新中國成立後的「南方券」「港幣」「人民幣」，可以說，一部僑批貨幣史，折射出近代中國的金融史，僑批的每一分錢都滲透着海外華僑血淚和汗水，蘊含着他們對故鄉的深情厚意。

三、日食難度，勸阻出洋

　　海外並非天堂，東南亞各國也不是「錢淹腳目」的地方，早年華僑到南洋各國，篳路藍縷，與當地人民共同開發創業，歷盡艱辛，而華僑又因為是「外國人」，更添加一份困難。

　　如圖 1.10，新加坡華僑鄭續舉在寫給母親的批信中提及「接嬸母大人回批，嬸母大人言欲仍再來叻之事，現今叔父在叻還無事可任，切不可來，各事務須忍耐刻苦為要，祈代轉達。」嬸母的丈夫叔父在南洋失業，嬸母仍想去和丈夫住在一起，豈不是更加重了叔父的負擔嗎？因此姪兒以旁觀者的身份勸戒嬸母千萬不可貿然前往，勸說她必須忍耐刻苦，斷了去叻的念想。

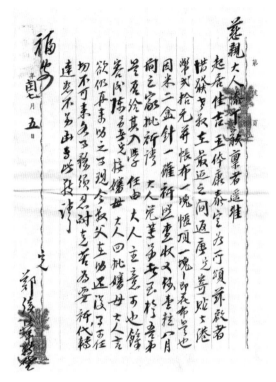

圖 1.10

　　圖 1.11，是泰國華僑黃欽恭於甲年（1934）一月五日寄給母親的僑批，信中寫到：「上幫回音，內云堆豹甥兒今春下暹，見信切不可前來。」他在信中分析了四條理由：一是「刻下暹中行情冷落，有人尋無工作，失業人數日多一日」；眼下泰國行情冷落，生意難做，許多人失業，你還來湊什麼熱鬧？二是正值「警察大捕牌仔之期」。「牌仔」是潮人對華僑登記證（圖1.12）的俗稱，沒有登記證被警察抓到，那可就大事不好了。「如要走私登陸，恐被查出，難免受盡鐵窗風味。」沒有華僑登記證，入境就相當於偷渡，那就難免要被監禁入獄了，那是一件了不得的大事；三是「甥兒又無入暹證書」；四是「入口你之文字考試諒不及格」，要申請登記證必須經過泰文的考試，泰文在中國人眼中看來像韭菜豆芽般，要通過考試是根本不可能的事。他動之於情、曉之於理，苦口婆心地勸說甥兒不要來泰國。

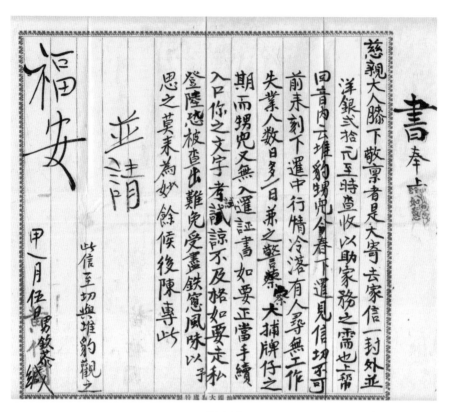

圖 1.11

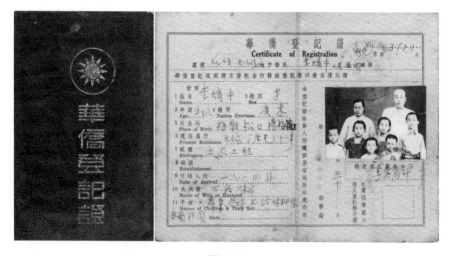

圖 1.12

　　因此，黃欽恭的結論是「以予思之，莫來為妙！」並交代母親把「此信至切與堆豹觀之」，讓他相信，不要衝動、輕易出行，這是一個身臨其境的華僑，告誡即將想出國的甥兒的告白書，十分通徹，於情於理，想必甥兒會打消出國的念想了吧。

　　泰國華僑吳子雲也於民國卅六年（1947）十月初四日寫批信給母親說道：「暹邦行情太苦，不能生活，日食難度，無銀可寄，祈為知之。」（圖1.13）幾句話把泰國生活的慘狀勾勒得十分清晰，不能生活，日食難度，這一日三餐都難於度日，那還有什麼前途可想？在這封僑批裏，吳子雲仍咬緊牙根給家裏寄來 10 萬元國幣，可見他是一個多麼負責任的兒子和丈夫，並再三吩咐家裏要節儉為要。

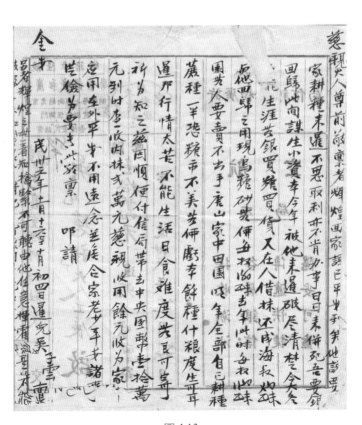

圖 1.13

如圖 1.14，安南華僑陳萬乘於甲子年（1924 年）十二月初十日在寫給妻子的來批中寫道：「余自下南以來至今尚未有事可任，現尚在舅店中寄食而已，以致家批稀寄。余想無事可任，開春又是納稅字之期，定必家批難寄，妻爾若是私費不足，可向吾叔挪取前賣婢之項，以助家用可也。候余若有正務可任，自當多寄。今因輪郵之便，附去大洋銀陸元，到祈查收覆知！」從批信看來，陳萬乘的家是從原來殷富到後來破落的情況，不得已把家中的婢女賣掉了，自己在海外又失業，只能寄人籬下，連家批也稀寄，但他是對自己家庭十分負責的人，未雨綢繆，事先安排好家中未來的生活，把開春須納稅的事情也事先預謀好了，勉強寄來大洋 6 元以救急。

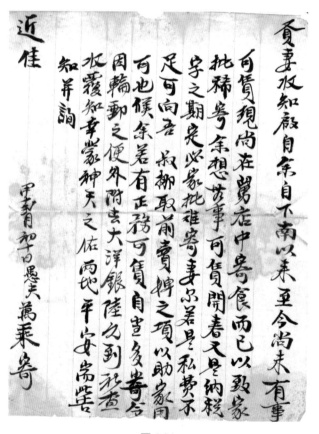

圖 1.14

　　泰國華僑陳紹歆更是現身說法，敍述他入境時的艱難歷程。他於 1956 年八月一日寫信勸戒妻兒暫不能來泰國：「悉吾妹以及兒子意欲來暹一事，此事切勿提議，因暹政府每年限額弍佰名，而且船費每人須要暹幣三萬左右銖，如果來到暹中超過限額，那時不能起來暹中，使之銀破了，還得坐牢籠，那時有目哭無目汁（欲哭無淚的意思），還了着待輪送返，來暹之事請勿言，以免跟愚兄以前一樣。愚兄初來暹之時，就是超過人額，正用禁在移民局弍拾餘天，每日所吃當如塘中之豬吃一般無二。另者。塘中情形如是轉好，吾妹可通信來知，愚兄決定回梓，但愚兄在暹終日想念吾妻以及兒子、吾母親兄弟，未知何日能相會？真是令人可傷耳！」（圖 1.15）可見，沒有入暹證會坐牢一事，並非空穴來風，是有實據的，而華僑陳紹歆想回國的想法更是道出了「海外並非天堂」的潛台詞。他自己來暹時就是因超過額度，被監禁在移民局 20 多天，每天吃的是連豬狗不如的飯食，真是想起來仍覺得後怕。因此，他再三勸阻妻子和兒子切切不可前來，否則不僅是破財，而且還要入獄，弄得人財兩空。

　　明朝中後期，伴隨着造船技術的進步，特別是海上絲綢之路貿易的繁榮發展，潮汕開始出現規模的「下南洋」活動，延續近 300 年。期間有兩次高潮，第一次出現在十九世紀下半葉，時值美洲發現金礦，東南亞種植園經濟發展，急需大量勞動力，各國紛紛設立招工公所，將貧民誘之「豬仔館」簽訂契約，以出國後的工資為抵押，換取出洋旅費，或為所謂「契約華工」。第二次出現在二十世紀三四十年代，因當時國內兵連禍結，戰火不斷，人們迫於生計，只得下南洋。因下南洋導致妻離子散、骨肉分離的悲劇，在那個時代比比皆是。下南洋的人，踩着荊棘、頂着瘴氣，冒着被蚊蟲叮咬甚至野獸侵襲的危險，要麼割橡膠、種胡椒，要麼到礦山、碼頭當苦力，靠着鹹菜配米粥勉強度日，有是還會過着乞討般的生活。如此清苦的生活，實在無法將妻兒帶到南洋贍養，再加上政策的限制，家鄉的親人要出國困難重重，華僑做夢都想着合家團圓、敦親睦族，但現實的情況，迫使他們只能勸阻親人不要盲目南下。近百年後，當我們再次翻閱這些帶着血淚的批信，仍可感受到那份辛酸與無奈。

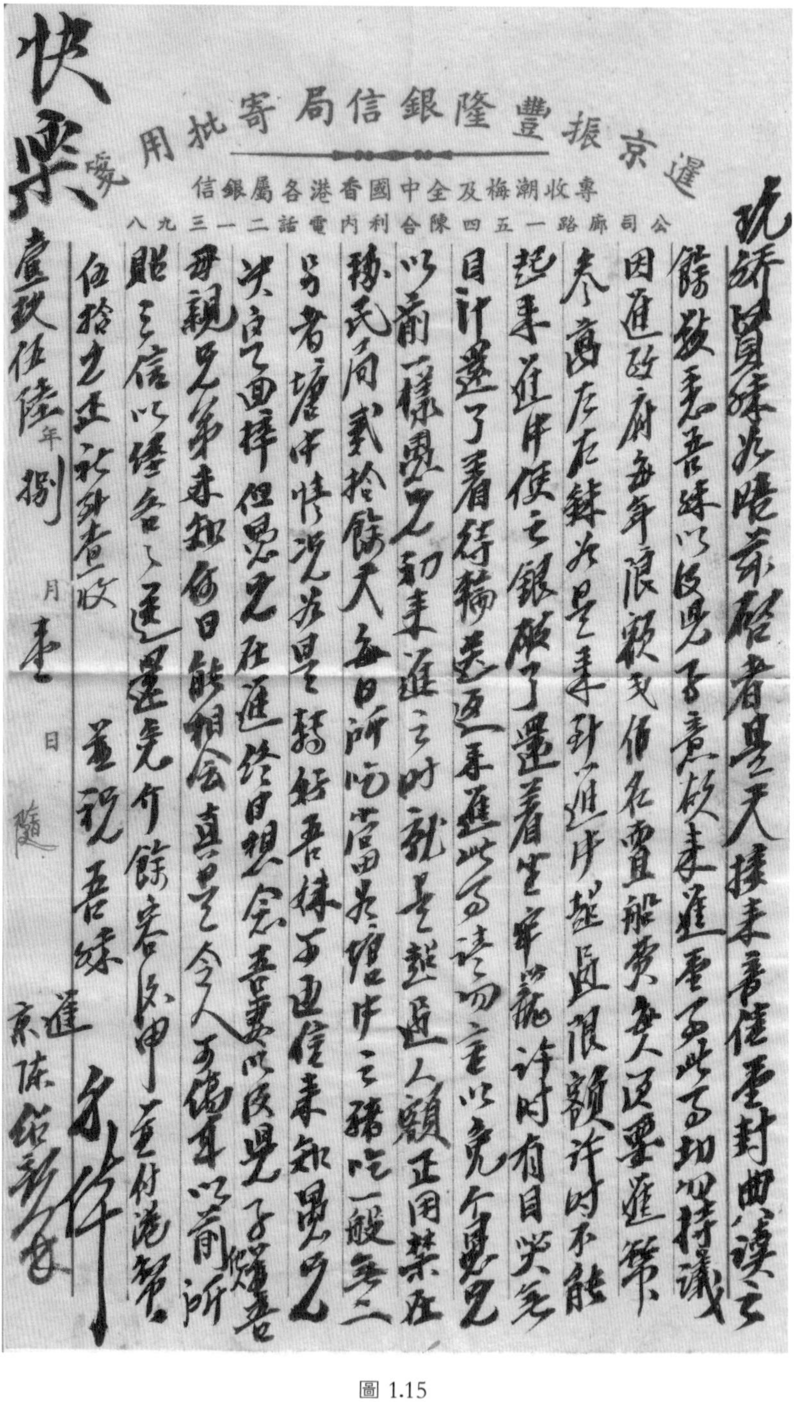

快票

遲京振豐隆銀信局寄批用愛

專收潮梅及全中國香港各屬銀信
公司一四五路廊合陳內利電話二一三九八

圖 1.15

四、團結協作，肝膽相照

　　潮人在海外團結一致，齊心協力，共謀發展，形成了堅不可摧的「潮州幫」。旅居馬來亞吉隆坡的華僑方約書的兩封僑批深刻反映了潮人這一特點。

　　圖 1.16，是方約書於癸酉年（1933）完月（十二月）十六日在寄給寶欽的批信中寫道：「前天茲貴親光漢君抵埠一談，云及貴親戚有意在本坡欲創氈褥等業，故光漢君囑約或多或少可合股，並云未知叔台豈有意於這等營業？見字之日，如果同意可預購。來歲元月或二月可設法營業，屆時或者叔台着前幫手之說，見字之日是否？千祈回音來知。」要創大事業，資金不足，幾個親朋好友聯手合作，「一個好漢三人幫」，這便是「潮州幫」的牢不可破的關係網。方約書的親戚光漢來叻後想創辦生產氈褥的企業，資金不足，便想召集幾個潮州鄉親合股，並於第二年的元月或二月便可設法營業，方約書馬上想到自己的老朋友寶欽。

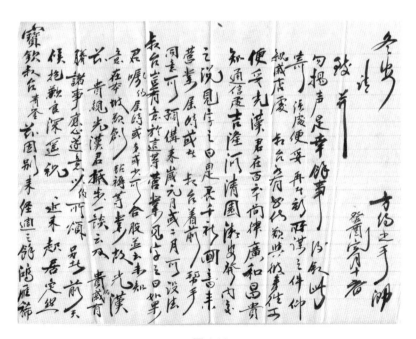

圖 1.16

　　從我們收集到 100 多封吳鏡明的批信看來，寶欽就是吳鏡明的字，方約書是方以烈的字。

　　兩人是無所不談的老鄉親、好朋友，也是在海外事業上的合作夥伴，這個時期恰逢吳鏡明回國，方以烈手中有項目，馬上寫信告知老朋友，請他一起合股生意，並想讓他早點回到海外一起幹。

　　我們還可從另外一封信可以看出他們兩人牢不可破的友誼。

　　圖 1.17，是方以烈於民國卅六（1947）年十月十四日寫給老朋友吳鏡明的批信，他說道：「天元姪兒於廿日抵叻，廿四晚與客頭抵店，一路平安，水陸無驚，兄可免遠念。所欠旅資 25 元如數理楚。」天元是吳鏡明 1924 年「新婚別」時留在「腹中」的兒子，這時已經 23 歲了，他作為「新唐」隨客頭來到吉隆坡，父親的老朋友把他接到自己的店舖內。

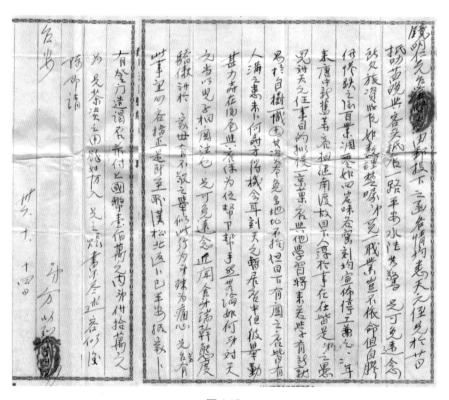

圖 1.17

　　從信件來看，吳鏡明拜託方以烈幫兒子天元在吉隆坡找工作，所以方以烈告訴吳鏡明說：「囑弟覓一職業，豈不依命？但自膠價慘跌之後，百業雕零，如四巖味各窯刻均宣佈停工，兼之一二年來唐中新舊等客相繼南渡，故目下人浮於事，在在皆是。弟之愚見，對天元之任事目的，擬尋一京果店與他學習，將來若學有所就，易於自樹一幟，因其資本免多，地址不拘。但目下有關之店皆有人滿之患，未卜何時方得機會耳。刻天元暫居店中，但彼舉動甚力（很勤勞），時在後尾與店保為伍，幫腳幫手。然無論如何，弟對天元當以兒子相關注也，兄可免遠念。」

　　吳鏡明的兒子天元出國，吳鏡明把兒子託附給老朋友方以烈，方以烈盡力盡責，幫他設計好發展的路子，並先把他安置在自己店內。方以烈這種對老朋友兒子的態度，體現了潮人互相幫助的精神。能碰到方以烈這樣的「老唐」，天元可以說是萬幸了。當然，能否立足發展，最終還是要靠自己。從該信可以看出，方以烈是一位肝膽相照、熱心助人的好朋友，他自己每月收入少，應酬又多，但接到朋友吳鏡明的求助信，仍全力以赴，不遺餘力地幫助安頓吳鏡明的兒子。

　　信中，方以烈也拜託吳鏡明幫他教導弟弟：「近聞舍弟瑞幹態度驕傲，對於家母有不敬之舉。似此行為，弟殊為痛心。兄台於此事望勿吝指正，是所至盼。」對在家鄉的弟弟不孝敬母親的舉動，請鄰近的老友幫忙教育，坦誠相見，不遮醜、不客氣，這才是朋友之道。

　　看來，吳鏡明沒有再出國，而是放手讓已長大成人的兒子去國外發展。

五、經濟不振，影響生計

　　僑批往往反映了僑居國的政治、經濟、社會等情況，值得僑批研究者注意和搜尋。

　　如圖 1.18，是泰國華僑陳錫海寄給胞弟陳錫培的僑批，除了寄來中央幣 100 元外，還有許多「實情相告」，使我們可以從中了解到當時泰國社會

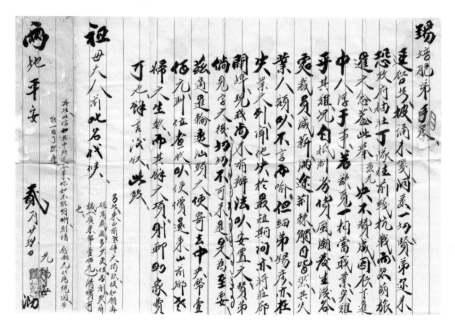

圖 1.18

由於戰爭帶來經濟衰敗的實況。陳錫海從家鄉來信中得知胞弟「恐政府抽壯丁隊往前線抗戰而忽萌旅暹之念」，明確表示「決不贊成」，理由是泰國經濟不振：「因時下暹中人浮於事，若欲覓一相當職業實難乎其難，況自抵制劣貨風潮發生後，（曼）谷處裁員減薪，滿途荊棘，觸目皆然，其失業人額，已不言而喻。」並以身邊的人為例，「細弟錫彥亦在失業之列，聞他決於最短期間亦將苴廊開埠，現我尚未有辦法以安置之。」再三告誡「切切不可來暹，是為至要。」雖然在「二戰」中泰國實行不抵抗政策，投降了事，沒有戰火，卻也有「抵制日貨」風潮。泰國被日本佔領後，同樣也受到戰爭的影響，經濟十分低迷，「老唐」在那裏已經困難重重，「新唐」就更難立足了，他的最小的弟弟錫彥，在泰國目前還失業，做哥哥的尚且無法安置他，更何況又要再來一個弟弟？

　　圖 1.19，新加坡華僑劉春盛於民國卅五年（1946）八月初四，給妻子黃惜卿寄來國幣 3 萬元時說：「叻中貨不接續，市場寂寞，商情困苦，取趨

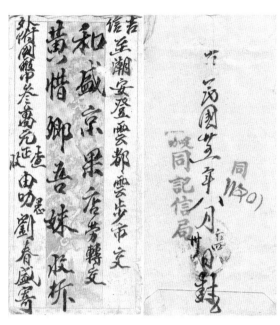

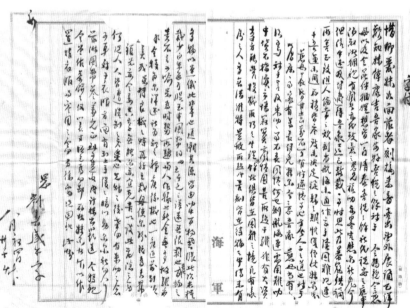

圖 1.19

於難，非有大資本方能投機取巧之生意外，餘者俱皆在困難之境，凡有家屬之人多無法維持，是故取趨叫苦……追溯其源，皆由叻中的百物飛漲，此次米糧載少，白米每斤漲至中國幣約四五千元之譜，還無限制也，其他百物之貴不言可喻……既為夫婦，福禍亦同妻共享，無能爾亦宜克刻，以度此危險之年，何況人人皆遭浩劫之大災也，見草之後幸勿有來叻之念。」信中把新加坡戰後的凄涼慘狀描述得十分具體生動，劉春茂把這一切都歸結為「乃暴寇殃禍所害，正敵阻人倫常之歡」，把所有的怨恨都歸結於日寇發動這場戰爭的根源，戰後新加坡經濟一瀉千里，滿目瘡痍，百姓叫苦連天，更糟糕的是丈夫不能回鄉、妻子不能來叻，一家人天各一方的情景不知要持續多久？

六、椰園種植，艱難維持

　　上一篇說到戰後泰國、新加坡的經濟滑坡的情況，而戰後馬來亞的經濟也十分凄涼。由此可見，戰爭帶來的經濟衰退是世界性的。

　　如圖 1.20，是 1952 年四月八日僑居馬來亞華僑閨嫻寫給五嬸的僑批：「椰園佃戶現因椰乾慘跌，不能維持生活，擬圖別生，限俺二月人情（即放鬆兩個月的期限），重新佃與他人種植。」兩個多月後，她又給五嬸寫批道：「俺椰園仍佃與學川伯，每月八十元計算。現在椰乾一落千丈，市情不景，各地自殺之人不鮮，世界的人都在受苦，我們也是其中的一分子，實在可憐！」（圖 1.21）由此看來，第二次世界大戰結束已經 7 年，戰爭的創傷還未平復，馬來亞的經濟仍未復甦，椰乾價格一落千丈，市情很不景氣，自殺的人很多，日本侵略者發動戰爭的後遺症依然清晰可見，滿目瘡痍，吞噬着平民百姓的生命。

　　如圖 1.22，是 1954 年五月十四日閨嫻在批信中描述自己種植園的情況：「和平至今數年，俺園內從未修整。最近園溝淤塞不通，雨水淤積，影響椰子生產。是以忍痛開溝，共費去千餘元。由家梁監工，費時月餘，現

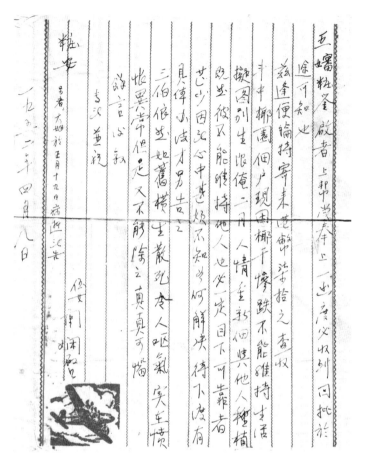

圖 1.20

「已全部竣工，順此告知。還有園籬也須修葺，但乏金錢，是以未敢動工，也順告。」

　　從該批看，時隔前兩封批信已兩年，經濟仍未全面好轉，批信的主人不得不痛下決心、花費巨資改造賴以生存的椰子種植園，只是挖掘溝渠、疏通淤積，苦於沒有資金，園籬還沒有動工，只是頭痛醫頭、腳痛醫腳而已。

　　根據資料記載，馬來亞潮人有許多擁有從事椰子、橡膠、胡椒等作物的種植業。

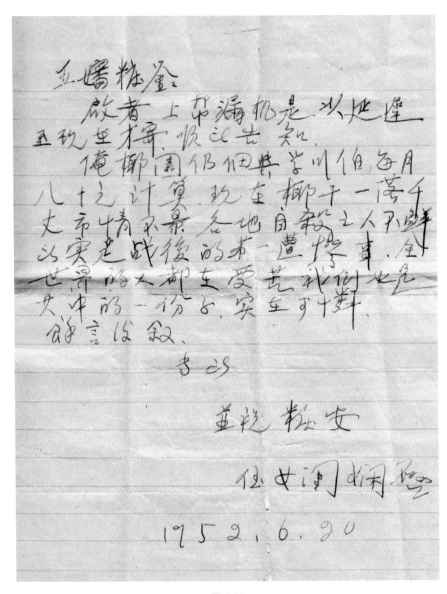

圖 1.21

圖 1.22

這 3 封批信，是戰後馬來亞經濟狀況的真實寫照，由此我們也可以看到，華僑背井離鄉，出國謀生，在異域並非遍地黃金，而那些「番畔錢、唐山使」的批銀，是華僑千辛萬苦的血汗錢，從這 3 封批信，可以了解到，海外華僑閏嫺的種植業是家族生意，她雖然是經營者，還必須時不時把椰園的經營以及修繕情況寫信給在家鄉的長輩五嬸，以徵得她的支持和同意。

七、歸國受阻，寸步難行

二戰一結束，許多華僑萌發回鄉與家人團聚的念頭，但卻受到重重阻滯，我們從下面同一個人寫的 4 封批信便可見一斑。

民國卅五年（1946）三月廿四日，新加坡華僑林展開寫給祖父和雙親說道：「久違愛教倏將十載……孫男想是次意欲回家，可奉侍大人，以慰高邁之望也，奈近聞塘中百物騰貴異形，米價每斛漲至五千元，生活如此困難，使孫聞之徒作一歎，不知每月有若干萬元始能得過家情否？況近來叻中行情仍尚艱苦，所得不過微利耳，且現在回塘船租太貴，況猶手續極繁艱苦，須向政府請求登記，行李物件受其所限，不能攜帶太多，且現此時身邊餘項無多。以上種種困難，煩祈知之。至於回塘一事，候多數月正來預算可也。」（圖 1.23）離家十載，一旦世界和平，林展開巴不得馬上飛回家鄉與祖父、雙親、妻兒團聚，無奈從客觀到主觀都有諸多困難，一是聞知家鄉百物騰貴異常，大米每斛升至 5000 元，他不知道回家鄉每月要多少錢才能度日？二是回國的船費太昂貴，回國手續十分繁瑣，必須經當地政府批准；三是行李攜帶受限，不能帶太多，四是身邊沒有多少錢，種種困難，使他止步不前。

民國卅五年（1946）五月初九日他又來一批信說：「大人來諭，囑叫回塘一事，為孫本當奉命收拾回梓……無奈此時塘中行情苦甚、米貴如珠，況四方盜賊甚夥，至於現時回塘船租以及雜費甚多，孫男思之，俟加數月再看形勢若何，才來打算，祈大人漸息掛念，恕孫不孝、逆命之罪也！」（圖 1.24）

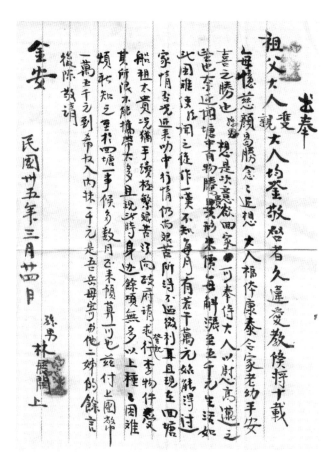

圖 1.23

　　林展開擬回國，但遲遲沒有成行，除了上封信所説的種種原因外，又增加了國內治安不寧一條，更使他擔驚受怕，説等過幾個月看情況如何，再做決定。

　　林展開於民國卅五年（1946）八月初五日寫信告訴妻子：「至於叫吾回塘一事，而吾已有此想，但此時塘中百物還甚高貴，況又此時在吻欲回塘中手續甚為多，着做居留字，又着向政府討字登記，先登記者先配船，先回塘中，緩登記者緩回塘中，故受此阻滯故此遲緩數月，吾之心想約在年尾或開年正來回塘，況猶到時可與同鄉人有伴同歸可也，妹汝可將此等情

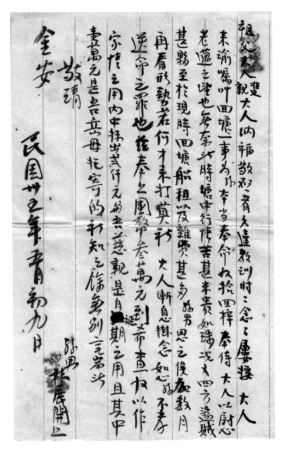

圖 1.24

形告知吾公，叫他老人勿用掛心。」（圖 1.25）

　　戰後交通開放，許多華僑十分想回鄉與劫後餘生的家人團聚，以致人滿為患，只得登記排隊，最重要的是做好「居留字」，不然就再也回不了新加坡了，這是至關緊要的。林展開為了回國，排隊登記，又耽擱了幾個月。

　　一個月後，他於民國卅五年（1946）九月初四日又在寫給妻子妙椒的批信中說道：「回塘對於粗重作園各等之事是吾所不能也，惟是做生意一事耳。現雖在叻中，對於各等輕省之事，合格者較多，惟是手中無大資本，

　　除了上面 3 封批信所舉的各種原因外，林展開還擔心自己回鄉後不能從事繁重的體力勞動，心想不如留在新加坡做點小生意，而更可怕的是擔心被國民黨政府抽為壯丁。的確，當時他的年齡完全有被抽壯丁的可能

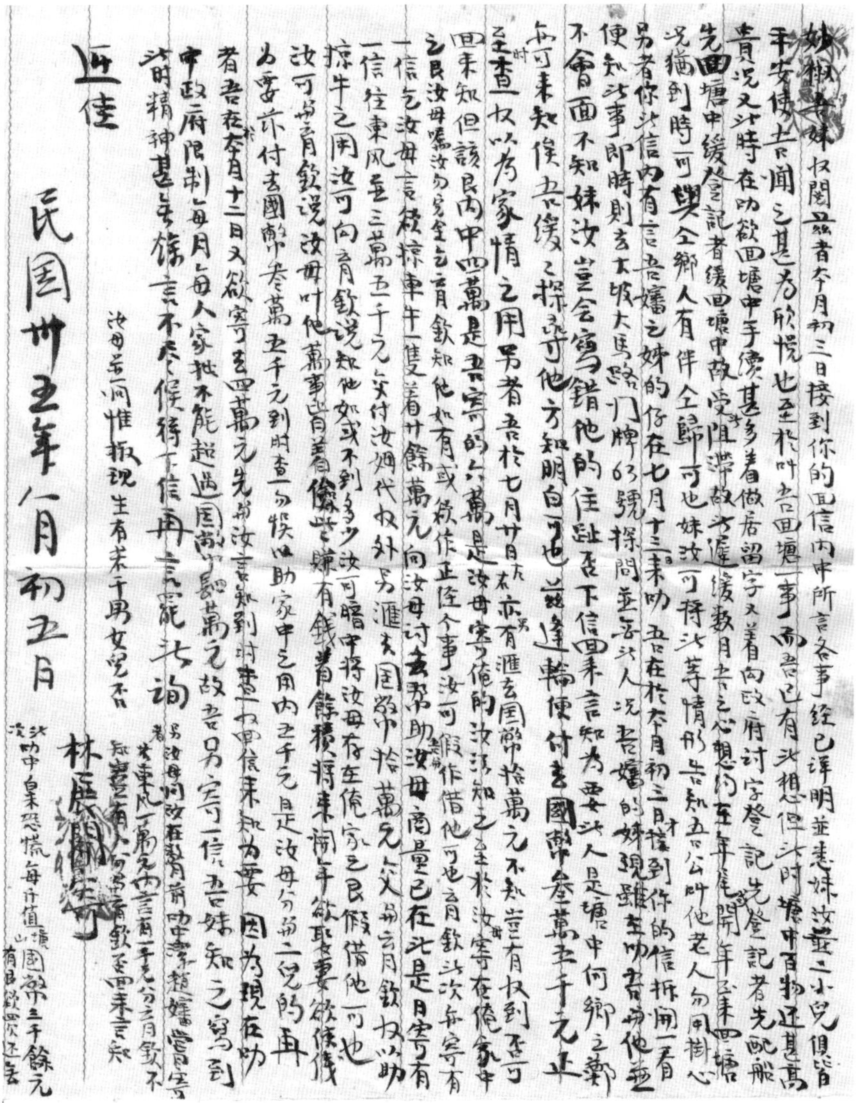

圖 1.25

定若有銀，做何生意皆可。況且最近又聽塘中政府欲抽壯丁，自二十歲至三十五歲，不知豈有實事否？以上件件所因故，吾欲回塘，尚未一決。」（圖 1.26）

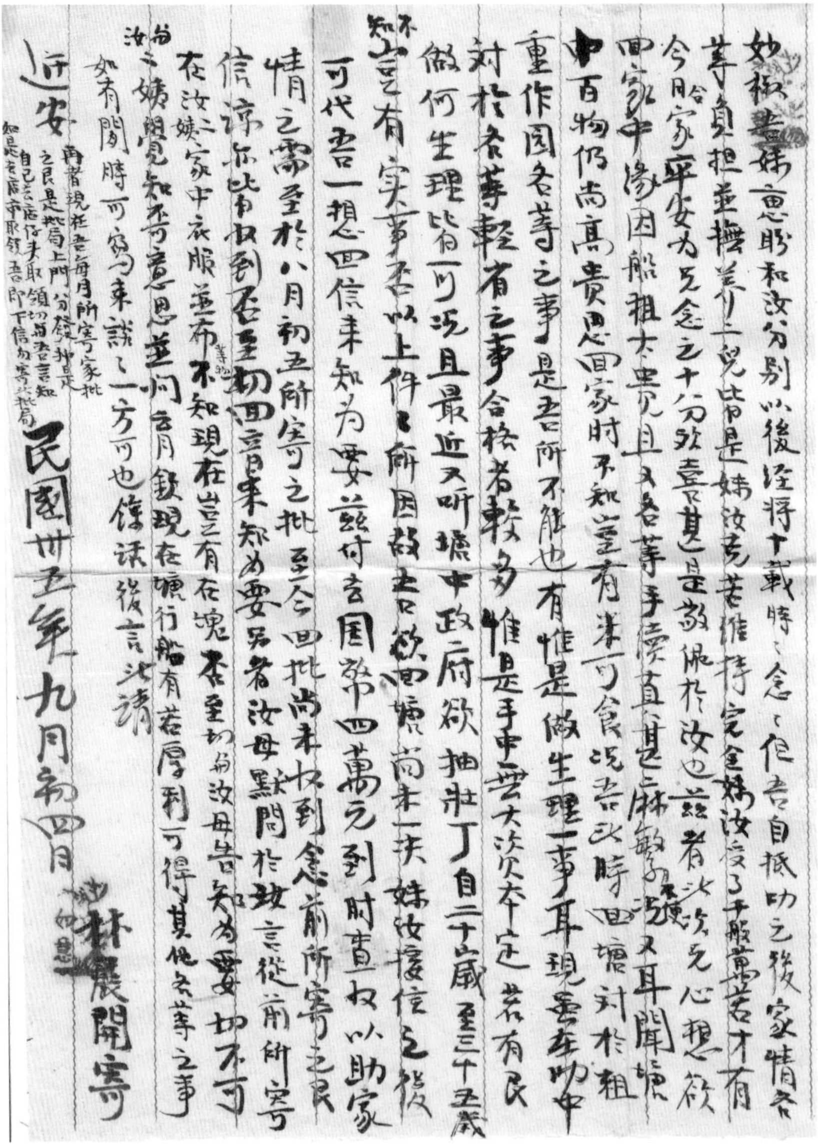
如松吾妹 意照和汝分別以後經將十載時時念念 但吾自抵叻之後家情各
等負担並撫養二兒皆是妹汝克苦維持完全妹汝受了千般萬苦才有
今日合家平安为兄念之十分歡喜甚之是敬佩於汝也 茲者汝兄心想欲
回家中途因船租太貴且又各等手續甚甚之麻煩況又耳聞塘
中百物仍尚高貴恐回家時不知豈有米可食況吾此時回塘对於祖
重作国各等之事是吾所不能也有惟是做生理一事耳現吾奉叻中
对於各等輕省之事合格者較多惟是手中要大注資本定若有銀
做何生理皆可況且最近又听塘中政府欲抽壯丁自二十歲至三十五歲
不知豈有实事否以上件件所因故吾欲回塘尚未一決妹汝接信之後
可代吾一想回信来知为要茲付去国幣四萬元到时查收以助家
情之需至於八月初五所寄之批至今回批尚未收到念念前所寄之民
信諒亦皆收到否至切回音来知为要另者汝母默問於汝言從前所寄
在汝汝之姨家中衣服並布不知現在豈之有在塘否至切吾汝母告知为要切不可
汝之姨覺知不可意思並问去月現在塘行船有若厚利可得其他各等之事
如有閒時可寫來談談一方可也餘話後言此請
近安
再者現在吾每月所寄之家批之民是批局上門分發抑是自己去局仔去取領切前吾言知如是去局市取領吾即下信勿寄此批局
民國卅五年九月初四日
林□□開寄

圖 1.26

性。我們可從下一篇僑批，可以看出林展開的擔心不是多餘的。泰國華僑御潮在戊寅年（1938）二月十六日寫給慈親的批信中也提及這一事實：「國內政府抽壯丁，與中日長期抵抗，十八歲至四十歲止。」（圖 1.27）這是當年提高抽壯丁年齡的又一明證。

多方面的因素，使得林展開寸步難行，只好望「鄉」興歎。

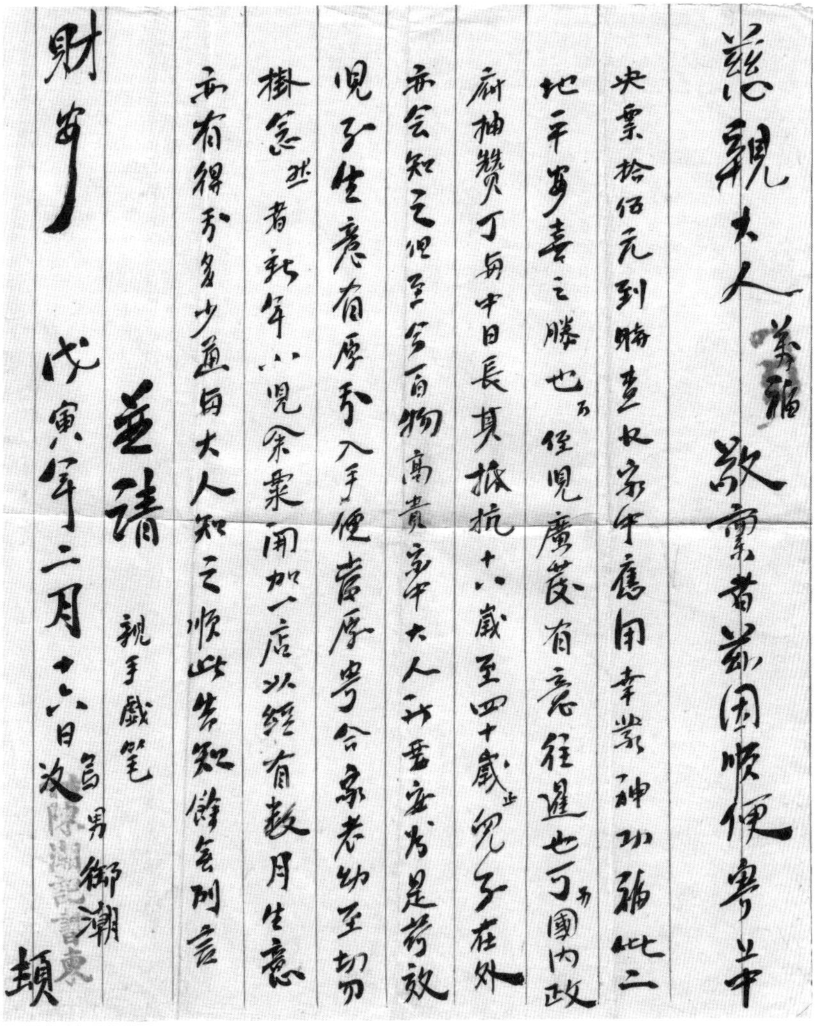
慈親大人萬福　敬稟者茲因順便寄上申
央票拾伍元到時查收家中應用幸蒙神功福庇二
地平安喜之勝也　但兒廣發有意往暹也　國內政
府抽壯丁與中日長期抵抗十八歲至四十歲止　兒身在外
亦會知之但至今百物高貴家中大人務要安為是務放
兒身生意有厚利入手便當厚寄合家老幼至切
掛念　然者新年小兒余聚開加一店以經有數月生意
亦有得利多少並向大人知之順此告知餘無別言
並請　親手戲筆
財安　戊寅年二月十六日汶寫　男御潮　頓

圖 1.27

八、妻子出洋，不讓鬚眉

　　在數以萬計的僑批中，卻很難於挑到一封妻子從海外給丈夫寄來的僑批，因為華僑家庭絕大多數是丈夫出洋，妻子留鄉。眾裏尋他千百度，作者有幸收集到一封例外。

　　如圖 1.28，這封僑批是庚年（1930）八月一日寄出的僑批，便出自一個妻子的手筆。它的抬頭是這樣稱呼的：「夫君良人台前」，看慣僑批稱呼「父母大人」「賢妻妝前」，驟然看到「夫君良人」，眼睛為之一亮，覺得新鮮、有趣。看它的內容，更令人吃驚：「前日承來覆信，內夾來老應合壹函，亦已交妥。如目下欲與他催討銀項壹事，諒屬為難。如打栖及廊之火礱，有聞大冬欲與秋齋合辦生意，盈虧彼此各分其半，未知此事豈能實行否？近來生意皆被下面貨船所敗，稍有冷淡之故也。」

圖 1.28

從內容看，這與一般家庭「男主外、女主內」不同，這位妻子談起生意來頭頭是道，對催討欠款的可能性、合夥做生意的前途、行情的好壞，都分析得入情入理；生意被下面貨船所敗，卻又處變不驚，只以「稍有冷淡」言之，大有巾幗不讓鬚眉、獨擋一面的氣概。這在諸多僑批中妻子向在外的丈夫要錢、「生活千難萬難」的語言模式，大異其趣，實在難得一見。

批信的末尾：「刻逢船便，寄去光洋銀壹百元，到時查收，作為途費之資可耳。」1930年的100塊大洋，是一筆巨款。可見她的生意做得不小，在「稍有冷淡」時，不是說些批信中常見的「無法多寄」之類的話，而甩手就是100！可見這位女強人獨擋一面，把生意做得井井有條。

信中談及的「作為途費之資可耳」，因為單文孤證，無法作出結論，是否是給丈夫的途費？是否是丈夫原來也在國外，回鄉時間過長，盤纏用完？是否是初次接丈夫出國？這些可能性都有，卻難於遽下定論。但不管是哪一種可能，都不會影響這位女強人的形象。這在男尊女卑的舊社會，實屬罕見。

九、教師生活，寄人籬下

潮安浮洋市麟坪村的五嬸因兒子變壞、下落不明，想要出國找兒子，卻碰到了一個意想不到的問題，她的姪女閨嫻來批說：「至於你要來根（馬來亞的山打根）刻請進行手續，我在根方面自當盡力代為辦理，因為最近的戒嚴入口令對於一般人入口申請不易發給。本來是丈夫申請妻子最合手續，也易辦理。今由姪女申請嬸母已難一節，況且我身為教師，愈更艱難，因為現在對於一般教師皆嚴密注視，就是連往香港一事也不可能。只要是教師，他的行動已不自由了。」（圖1.29）

嬸母要來馬來亞尋找兒子，要辦入境手續，因為五嬸的丈夫不在了，要由姪女代辦，更是難上加難，再加上姪女是老師，那就更不用想了，因為老師被控制住了，一點自由也沒有了。她給五嬸的另一封批信也道出在國外教師生活就像寄人籬下一般的不自由：「僑居人家的地方就有這樣的不

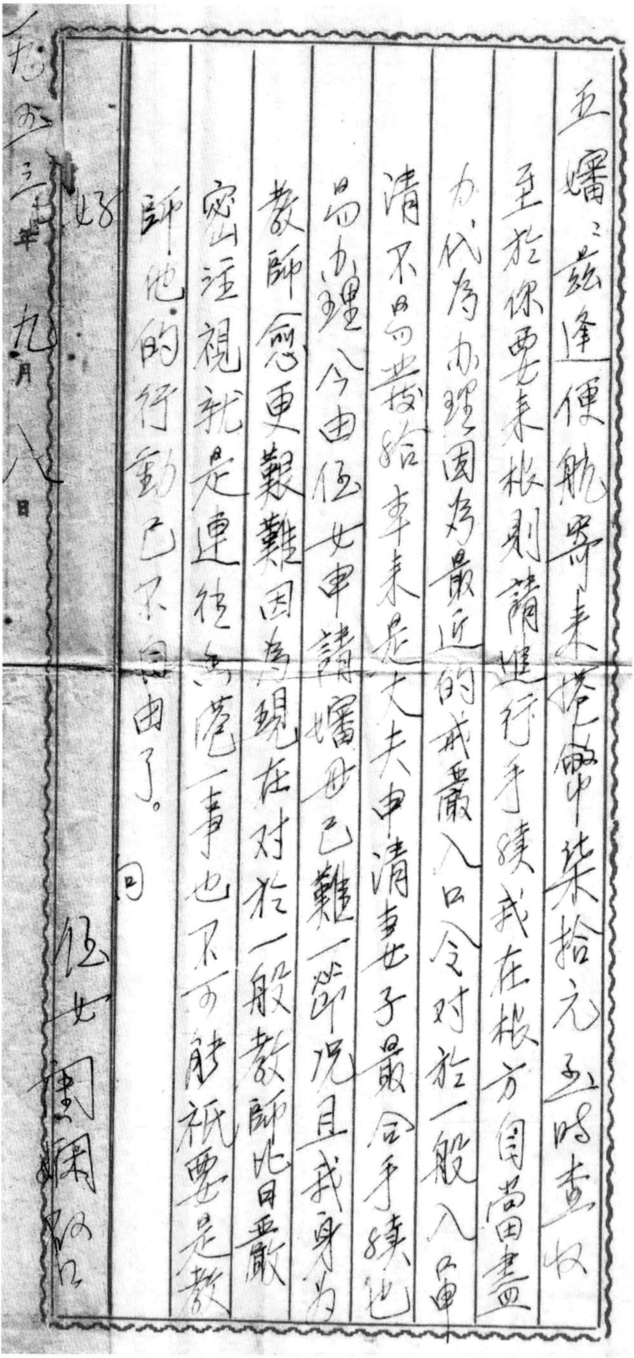

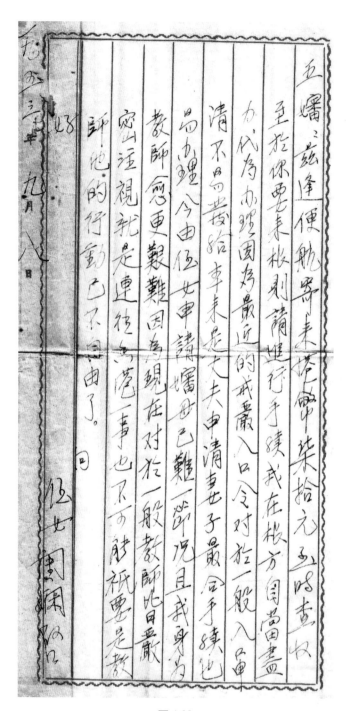

五嬸：茲逢便航寄來港幣柒拾元，到時查收。
至於你要來根，則請進行手續，我在根方自當盡
力代為辦理，因為最近的戒嚴，入口令對於一般入口單
清不易發給，本來是丈夫申請妻子最合手續也
易辦理。今由伍女申請嬸母已難一節，況且我身為
教師，愈更艱難，因為現在對於一般教師比日嚴
密注視，就是連往返一事也不可能，祇要是教
師，他的行動已不自由了。
伍女惠嫻叩
一九五三年九月八日

圖 1.29

自由，最好還是自找自己的生活，其餘的事一點也不要去過問就好。」（見圖 1.30）夾着尾巴做人，便是她在海外多年生活的經驗之談。閨嫻信中所說的「教師被嚴密注視」，並不是託詞。二十世紀 50 年代初，因為新中國成立，許多華僑要回國，特別是知識分子，想要把知識貢獻給新生的祖國，形成了一股回國高潮。作者自己一家就有這樣的親身經歷。1951 年底，作者的父母均是文萊的教師，一方面想回國參加社會主義建設，一方面想讓孩子們接受中國文化的教育，同樣碰到教師被嚴密監視的問題，不能直接在文萊申請回國，只好託詞在寒假時到新加坡旅遊，悄悄地收拾行裝，在新加坡經內線幫助安排，經歷了許多艱難險阻，才回到祖國的首都。圖 1.31 是 1952 年初夏全家在天安門前合影，前排左一是作者 6 歲時。

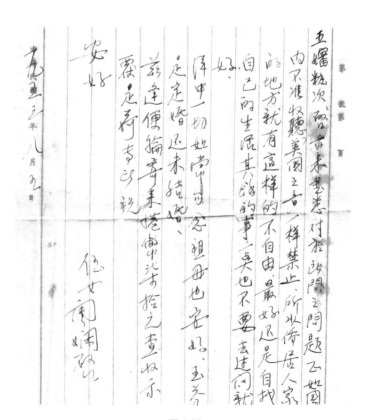

圖 1.30

圖 1.31

十、幾家辛苦，幾家憂愁

　　姐姐祥燕於 1949 年十二月十五日寫給叻胞妹新燕的回批中，裏面傾訴了她的一肚苦水：「爾姐近來生活困難，至你姐夫每年不過寄一二次批，兒初開在淪陷投身從軍，現在還無消息，次男也在此時賣身詔安做傭工……目下只存女兒若蘭出閣於下社陳家，生活稍好，堪以為慰。想諸男飄逃無蹤，實是有目哭無目汁也（欲哭無淚），憶種種回思，俺姐妹處生於世，情形斯殊，真令人之痛，近接到吾妹一信、貳佰元，爾姐甚喜。」（如圖 1.32）

　　同胞姐妹人生差別竟是如此懸殊，本來姐姐祥燕的丈夫在海外，有「南風」徐徐吹來，生活本應是高枕無憂，可是丈夫一年才寄一兩次批，杯水車薪；膝下有兩兒一女，也應該是幸福美滿，但由於抗日戰爭，一個兒子從軍後失去了消息，恐怕是凶多吉少；另一個兒子賣身到福建詔安為人幫傭，也沒了影蹤，雖然女兒生活還算好，但在重男輕女的潮汕，是以兒子

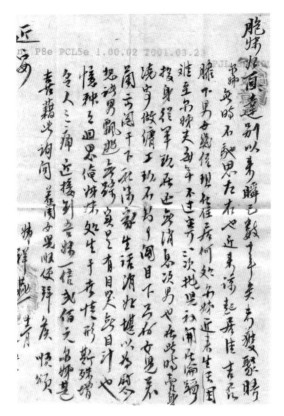

圖 1.32

為依託的，因此祥燕一個女人覺得淒苦無靠，心中無限辛酸，她在向妹妹
訴衷情、拉家常中，憤怒地控訴了日本侵略者使得中國多少人家破人亡的
罪行，妹妹新燕也深知姐姐祥燕悲慘的經歷，還時不時地接濟她，這次她
從新加坡寄來 200 元。

十一、給雙親報喜不報憂

　　僑批往來於海外與中國之間，大多是寫着「刻下行情艱難、百物騰貴」
之類的話，接着便是「祈蒙上天庇護、候厚利入手再多寄」等這樣既講困

難、又給予希望的內容。而完全是報喜的批信，較為罕見，下面這幾封便是報喜不報憂的典範。

　　圖 1.33 和圖 1.34 這兩封批信，分別寫給雙親和胞兄，時間是 1965 年 9月 2 日，它們的主人錫鑫是吳鏡明第二次回國「增制」出來的「國民」，他還有一個名字叫天元，剛出國時受到父親老友方以烈的照顧（見本書《團結協作的潮州幫》一文），經過 10 多年的奮鬥，如今，他已經是吉隆坡鳳凰貿易公司的老闆了。批信中寫道：「自從公司生意正式開張二月餘，頗有漸漸發展，近月做有二萬餘元。但因目前利潤甚微，如若與前在南島之時，那麼年後可算不錯。目前公司每月費用貳仟左右，數目若得平衡，則為幸甚。至於大來出門賣貨所到地方甚遠，有馬六甲、關丹、怡保、吧生，且一路經過之市鎮，約一月便到該地方一次。我和公司生意現在甚好，大有

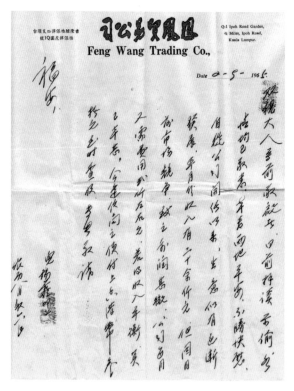

圖 1.33

圖 1.34

利可圖，目前已購有新厝數間，有的出租或自住，順告。」這位剛過「三十而立」年紀的老闆，春風得意，寫信向家裏報告喜訊，分享快樂，他已經購置了房子數間，有的出租，有的自住，可算是已站穩了腳跟。

過了 3 個月，錫鑫於 1965 年 12 月 2 日再次寫批信給雙親報告喜訊：「此次俺再買新厝一間，」「另者，本月公司再添購一輛新車，以備擴展生意。目前各種經已辦妥，今明天便可出車，順告！」（見圖 1.35）公司開張不久，又是買房，又是買車，還把家鄉的欠款還清：「對於所欠款額，經已前由父親大人一併付上，料已收到否？」甚至還想在家鄉買屋：「至於目前塘中買賣厝屋可以自由嗎？」在 60 年代初，能成為有車階級，是新一代企業家的象徵，他還想在家鄉買房子，錫鑫出國才 16 年，可見他頗具經商才能，經營有成。

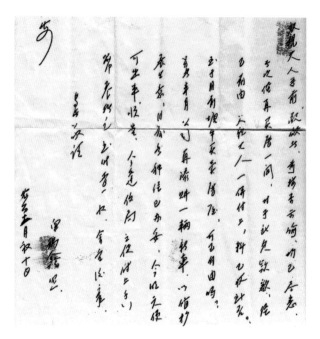

圖 1.35

　　錫鑫的雙親於完月（十二月）廿四日的回批中寫道：「付來人民幣貳佰元正已如信收到⋯⋯內中抹出貳拾元給爾兄嫂孫兒女等作為腰金，亦已照字分發⋯⋯公司生意算來比別年都好，毛利算來也佳，是天耀至。付來香港銀貳佰伍拾元，順此告知。」（見圖 1.36）雙親同時收到兩筆僑匯：人民幣 200 元和港幣 250 元，這對二十世紀 60 年代的家庭來說，不啻是一筆巨款，這也許是他寄款回家買房的資金，可想而知，錫鑫在馬來亞的生意已經取得很大的成功。

　　其實，成功來之不易，除了錫鑫本人勤奮、刻苦外，還有天時、地利、人和等諸多因素，他在前不久（二月初六）寫給雙親的批信中說道：「日前百物高價，貨源缺乏，生意競爭，實在困難。去年公司生意總共營業二百陸拾餘萬元，毛利二十一萬餘元，全年費用二十二萬元，虧本數千。本來生意不致虧本，因內中有職員盜竊，欠款無法計算。他也已被辭退。」（圖 1.37）他在 1965 年 10 月 28 日寄給胞兄天元的批信中寫道：「自新加坡

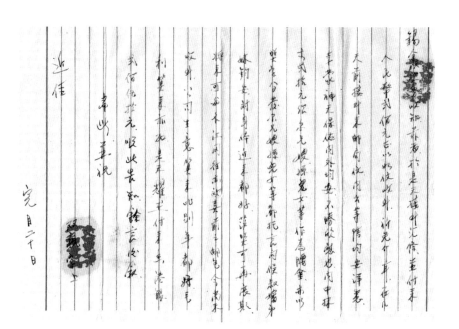

圖 1.36

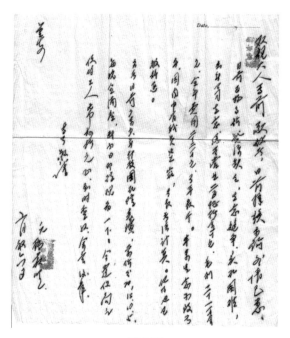

圖 1.37

與聯邦分開後，兩方各自增稅，且應有前之證件方准過關，故此現在辦貨方面，甚覺困難。」（圖1.38）影響到虧本的原因有來自國家政策變化、稅收增加的，也有來自同行的互相競爭、互相傾軋的，更可怕的是出現「內賊」，店內職員盜竊，數目大到無法計算，致使店裏出現虧空，這些因素有很多是無法預料的。

　　他的父親，一位20年代出國的老華僑，已經把接力棒交給兒子了，而這位年輕一代，青出於藍，在新的時代潮流中，是一個弄潮的好手，前途無量。更加難能可貴的是兒子比父親有文化，青出於藍而勝於藍，而勝於藍。文化，是一種感召力和影響力。古人云：「觀乎人文，以化成天下。」我們發掘僑批中的潮人好家風，弘揚潮人「孝悌為先、勤儉持家、敬業奉獻」的家風與精神，作為倡導、培育優良民風的重要抓手，大力營造重家教、傳家風的濃厚氛圍，教育和引導市民熱愛家鄉、熱愛祖國，這些，也該是僑批研究和宣傳的應有之義。

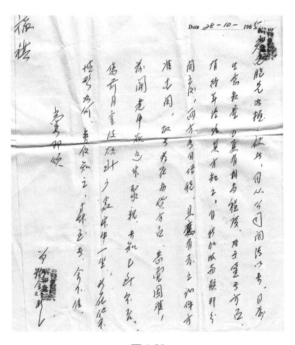

圖1.38

十二、潮商精神，積極進取

　　老一輩華僑乘着「紅頭船」漂洋過海，憑着勇於開拓、艱苦創業的意志和毅力，有一部分人逐漸擺脫單純出賣「苦力」的謀生手段，抓住商機，迅速崛起，像「紅頭船」一樣在異鄉他國乘風破浪，搏出商海，發家致富，從而造就一代代優秀的潮商。在現存的一些僑批中，就出現了華僑在發現商機之後「該出手時就出手」，將自己的想法或成果告知家鄉和親人的文字，成為海外華僑勇於開拓、積極進取的歷史見證。如圖 1.39，新加坡華僑黃懿楨於甲戌年 (1934) 桐月（三月）廿日寫批信給妻子王氏：「刻下樹膠行情略漲，美市每擔兌有二三拾元，至各椏園圍，大欲開割，目下尋人割圍，人額大大欠缺，將來後月限制進行，椏價決以有漲無落，目敝所觀椏品用物將來生理必有一日青雲得路。如俺東商生意雖然謀圖過日，欲得大利實是艱難，一則資本欠缺，二則店位於小路，所以隙路亦難得大利。夫於近來有一建人之親人磋商，欲擴充合盤生意，各節簽約未有定奪。此邊如合盤生意有成就，決以大路店面，定租大坡，資本亦能預足，則合夫之心願事。」

　　這位華僑在新加坡從事種植橡膠園事業，只是一個普通的打工者，但他並不是一個渾渾噩噩出賣苦力的人，在工作的過程中，善於觀察和思考，他發現橡膠生意大有發展前景，很有眼光，看准了「刻下樹膠行情略漲，美市每擔兌有二三拾元，」而且認定「椏品用物將來生理必有一日青雲得路」「有漲無落」，可見他不只是光埋頭做工，而能抬頭看路，這樣的人，有一種「老闆心態」，這是潮人進取精神的一種體現。他還分析了東家的生意為什麼很難有大的收益，原因一則資本欠缺，二則店位於小路。當他的老闆「俺東商生意雖然謀圖過日，欲得大利實是艱難」的時候，他已經把深遠的目光投向未來，認定橡膠事業有發展前途，準備另立門戶，與福建「親人磋商，欲擴充合盤生意，」策劃與人合作，租大馬路的店面，將自己的思想付諸於行動，準備大幹一場。這封僑批，見證了我們潮人勇於開拓、積極進取的奮鬥精神。後來潮商的崛起，大都與這位華僑一樣，看准商機，該出手時就出手。

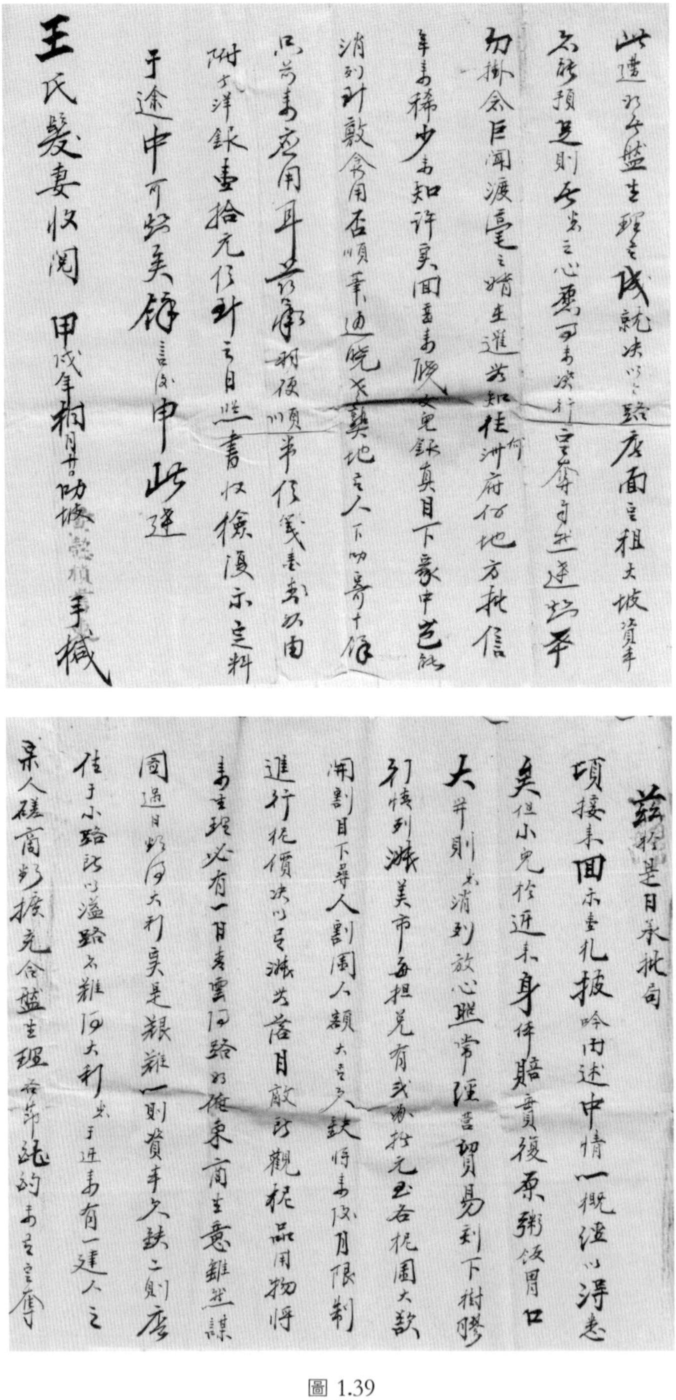

圖 1.39

　　圖 1.40，馬來亞鬥湖的華僑林漢松於民國廿八（1939）年十月十六日給妻子張氏的批信寫道：「但現時荷政府禁止各過期的大字簿，以及船仔各節不能自由通港，嚴重非常，愚之大字簿當時在塘寄來雁再簽，被家嚴所誤，故而不能進行。」

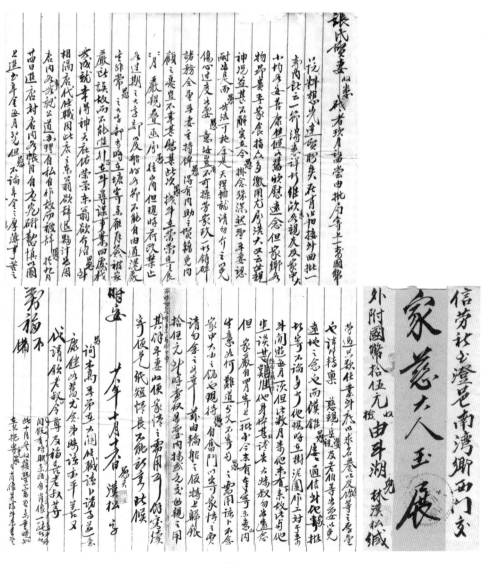

圖 1.40

華僑登記證丟失或過期，對海外華僑來說是非常嚴重的事，輕者在當地無法找到工作和不能自由行動，重者被驅逐出境。林漢松在該批信中還寫道：「在鬥（鬥，即鬥湖，馬來亞地名）尋謀事業四處找無成就。」後來幸虧有榮榮的老闆介紹，才到相隔店代任職。他深知職業來之不易，十分珍惜，十分敬業，「對店內各賬目自應究研，勤慎以圖上進。薪金每月 8 元，但愚不論薪金之厚薄，事苦之勞逸，只欲任業到底，以求名譽。」

這些從「大字簿」引出來的話語，鏗鏘有聲：鑽研業務，勤慎上進，不論新酬厚薄、工作輕重，任職敬業，勇於開拓，愛惜名譽──這是海外潮人的一種奮發的進取精神，是潮人在海外立足、生根、發展的保證。有人把潮人追求積極向上、勇於開拓進取、善於謀求發展的意志和毅力等優秀特質歸納為「紅頭船精神」，而這種精神特質的形成，跟潮汕的自然環境和生活環境密切相關的。

潮汕是海濱地區，海岸線綿長，人們自古以「討海」為生，海上貿易、經濟文化交流也因此而生。1860 年汕頭開埠以後，隨着多國汽船公司陸續進入汕頭港，潮人前往東南亞各國更加方便，漂洋過海「過番」的人越來越多，數以千萬計的海外移民，為東南亞各國的墾荒拓植、社會建設做出了極大的貢獻，形成了世界商業大軍中一個名震天下的優秀羣體──潮商。在今天，紅頭船精神仍然具有閃光的現實意義。

十三、刻苦耐勞，克己利人

潮汕華僑到南洋各國，白手起家，艱苦創業，靠的是自強不息、刻苦耐勞的精神，才能在海外立穩腳跟，尋求發展。

圖 1.41 是一位年將半百的老華僑於 1963 年給家鄉兒子的僑批，他為未能謀面的孫女取名「節堅」，因為缺乏天倫之樂，令他一番感慨、一番惆悵，然而他沒有灰心喪氣，他給兒子說：「差幸我這年將半百之老牛，尚能負荷重擔，不以為苦，所謂阿 Q 精神，聊自安慰也。」所謂「差幸」云云，

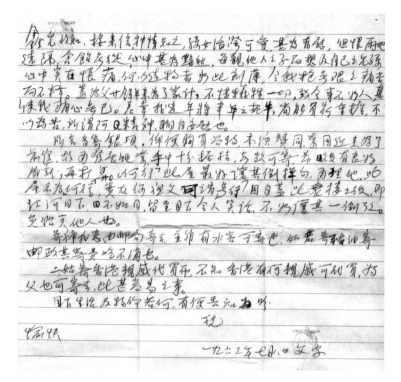

圖 1.41

　　其實就是海外潮人所秉承的歷代潮人所形成的刻苦耐勞的優良傳統，如老牛負重，不以為苦，堅忍不拔。

　　然後他談及「所言多寄銀項，俾便購買穀物，本該贊同，奈因近來為了前途，故再發展他業，手中十分拮据，無款可寄，希日久有良好成就，再打算。」當年我國正處在經濟困難時期，生活十分艱苦，僑眷嗷嗷待哺，故頻頻去信催討，然而華僑為了發展在海外的事業，除了自己省吃儉用以外，家屬也只好跟着受點苦，道理是明擺着的，如果為了一時「放開肚皮吃飯」，那一點原始積累將化為烏有，無法進行再投資、無法發展，何來「希日久有良好成就」？勤儉起家，不勤儉不能起家，這是潮人發家致富公開的祕密。這封批信，充分體現了這一代華僑「勇於開拓、刻苦耐勞」的潮人精神。

又如華僑得利於 1975 年十一月廿三日寫給弟弟厝邊的批信中說道：「詢及你兄叻中生意，是在街邊賣些粿品生意，亦因年老身體時常休息，未能多所勞動……寄去港幣 200 元正，到時查收。」（圖 1.42）得利老人靠在海外做點街邊小生意，對國內的親友卻慷慨大方，一甩手就是 200 元，體現了老一輩華僑克己利人的精神。

老一代華僑是這樣，新一代華僑也是如此。

圖 1.43 是華僑慕潔於 1954 年寫給母親的批信，上面寫道：「之星生活情形頗佳，每月所賺工資低少，額外費收入無一定，他個人每月費用除了洗衣費、夜間讀書薪金、點心費，車租費以及與友人等應酬多少等一切費用也多。」可以看出，之星是在國外立足並已有一定社會地位的人了，但他仍在工作之餘，夜間刻苦讀書充電，廣交朋友，以圖更大發展。

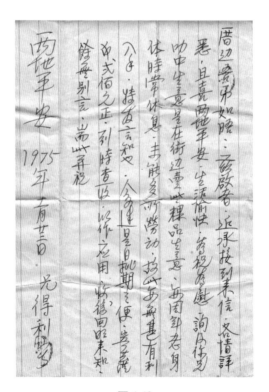

圖 1.42

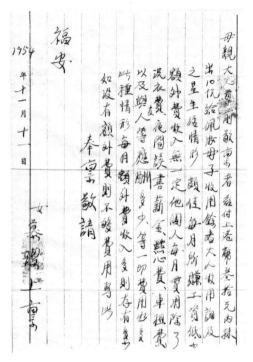

圖 1.43

　　圖 1.44 是 1964 年元月廿日華僑陳廉中寫給家鄉祖母的僑批，信中說：
「孫去年卒業高中，即專修英文。不幸時因身體健康所阻，被迫輟學靜養。
嗣後健康復元，適得一相當機會，被僱為某一新籌創開採鐵苗之礦業公司
服務，惟公司聘用人事不多，諸事殊覺繁忙，除着管工人工作外，復得負
責理些賬目。祗因受業之時，學校無實際之商業課程，故此遇有暇時，則
自研諳簿記之借貸法則，以應時際之需，因此乃普通從商者需有之常識，
亦商家切要之事項，孫無不隨時當心，以圖上進，決不敢違負堂上大人之
厚望。目前理公司賬務者，只為孫一人負責，諸事皆感不明底蘊，因有捉
襟見肘、應接不暇之勢。」

　　從僑批的內容看，陳廉中是一位年青的華僑，應該是第二代或者第三
代，他所面臨的問題已經不是祖輩們經受過的飢寒交迫、出賣廉價勞力，而
是在現代商業社會裏學到真本領並在激烈的競爭中取得一席之地。我們看到

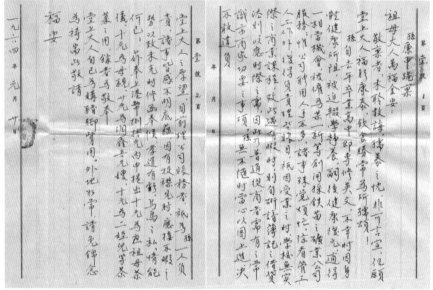

圖 1.44

這位年輕的華僑，承傳了潮人艱苦拚搏、永不服輸的精神，高中畢業之後，專修英文，而後受聘於礦業公司，既要做管理工作，還兼管財務，讀書時「學校無實際之商業課程」，他就「自研諳簿記之借貸法則」，如此一位「隨時當心、以圖上進」的年輕人，是一定會成就一番事業的。

　　圖 1.45，新加坡華僑黃如川在寫給好友續舉的僑批中寫道：「弟與羅瑞豐事件屢經公人調解，至今方告圓滿解決。目下雖有友人之贊助集齊資本，擬要新創布業，惟因店址未定，故未實現耳，諒在不遠之將來，定能實現成功也！」華僑黃如川雖然事業受挫，與他人對簿公堂，但他不屈不

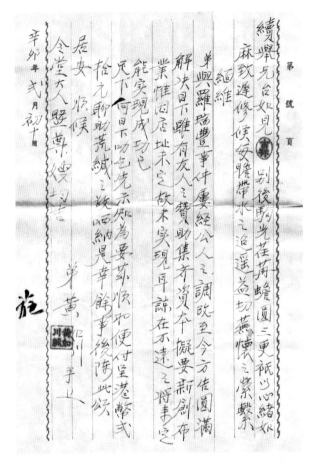

圖 1.45

撓，仍向友人集資，重新創業，他充滿自信：「定能實現成功也。」有這樣
的自信心，事業還能不成功嗎？

　　不怕挫折，東山再起，這就是潮人刻苦耐勞、百折不撓精神的核心。
如圖1.46，華僑英挺於1963年閏四月十六日在寫給岳親的僑批中說道：「叻
中豢養家禽計有紅白雞二仟多頭，俱皆進籠生蛋，爾來因蛋價大跌，由每
粒一角跌至六七分，各粒虧本將近二三分，一日產蛋千粒，每天蝕本十多
元，在此兩三月系大概均輸本一千餘元。」雖然養雞虧本，但他仍十分樂
觀，他接着寫道：「至於歷年所得利潤一事，愚創設的農場，好像工廠和商

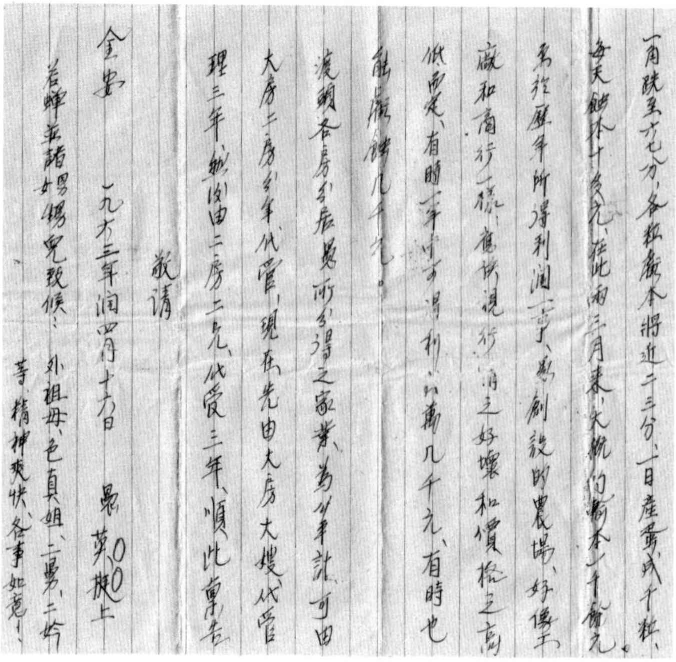

圖 1.46

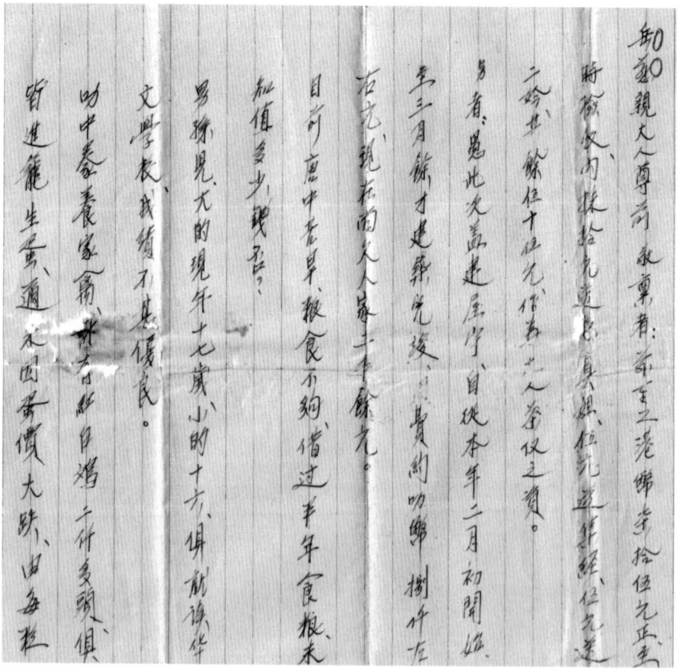

行一樣，應該視行情之好壞和價格之高低而定，有時一年中可得利成萬幾千元，有時也能虧蝕幾千元。」潮商在海外社會拚搏，視勝敗為兵家常事，充滿了必勝的信心。

馬來亞吉隆坡華僑姚蓋松於 1968 年 5 月 7 日在寫給母親的批信中說：「兒此次在吉隆坡泗巖沫與人購一座厝，價銀式萬柒仟元，先還壹萬伍仟元，余存壹萬式仟元，按月供還壹佰柒拾五元，十年還清。」（圖 1.47）新生一代已會按揭以分期付還購房款，慢慢積累資本。我們的華僑就是這樣一代一代生生不息、努力奮鬥的。

這幾封僑批，時間都在二十世紀 50 年代末至 70 年代初，那時是我國經濟困難時期，而在國外，卻正是經濟騰飛的大好時光，海外潮人抓住機遇，在各行各業迅速發展崛起，形成為世人矚目的潮人商業族羣。

潮汕人素有以善為樂、無私奉獻的高尚美德。從宋朝開始，一代代潮人積極興建善堂，救助孤寡老弱，善行義舉，祖祖輩輩傳下來，逐步形成了潮人樂於助人的家風和民俗。

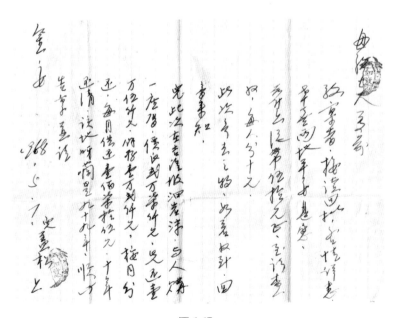

圖 1.47

殷殷赤心：反哺家鄉親人的點滴記錄

　　社會百態，世事萬端。家庭小社會，社會大家庭。潮汕地狹民稠，自古出洋謀生者眾，華僑社會，別有天地。其初到異域，人地生疏，蠻煙瘴氣，艱難萬端；翹首故土，念親思家，水闊天高，百感交集。起早貪黑，謀求生計於異地；節衣縮食，贍養眷屬於家鄉。哀父母已年邁，念子女尚幼稚，託家事於髮妻，獨拚搏於炎方。待得事業有成，略有積蓄，或購置產業，或衣錦還鄉，光宗耀祖，苦盡甘來。於是乎，海外有千萬華僑，國內多富庶僑鄉，亦極一時之盛矣。

　　華僑家庭，分居兩地，相聚時少，別離時多。信息溝通，唯賴批信往還，詩聖云「家書抵萬金」，最為貼切。研究、傳播僑批文化，最核心的一點，是傳承先人的家國情懷和優良家風，培育潮汕好民風，創建文明新潮汕。數以萬計的僑批，是先人在長期海上絲綢之路活動中創造的，體現着離鄉背井的人對自己有養育之恩的父母等朝夕相處的親人的無限思念和牽掛，體現着眾多潮籍僑胞對家鄉和故國無限的感激之情，凝聚着一代代潮汕人戰天鬥海、奮力拚搏的精神。

一、番畔錢銀唐山福

　　下面這封是作者收集到的最長的一件僑批，如圖 2.01，實物長 85 釐米。

　　雖然長度超長，下筆千言，但反反覆覆講的卻只是一件事：「反對家裏賣田」。據信中介紹，僑批的主人陳志鵬（又名陳金炳）於民國卅七年 (1948) 時家中有 3 處田產 8.5 畝：老虎宮田 1 畝、大專部田 7 畝、官村池田 5 分，屬於一家人共有。但在家鄉的母親和兄長卻在沒有和他商量知會的情

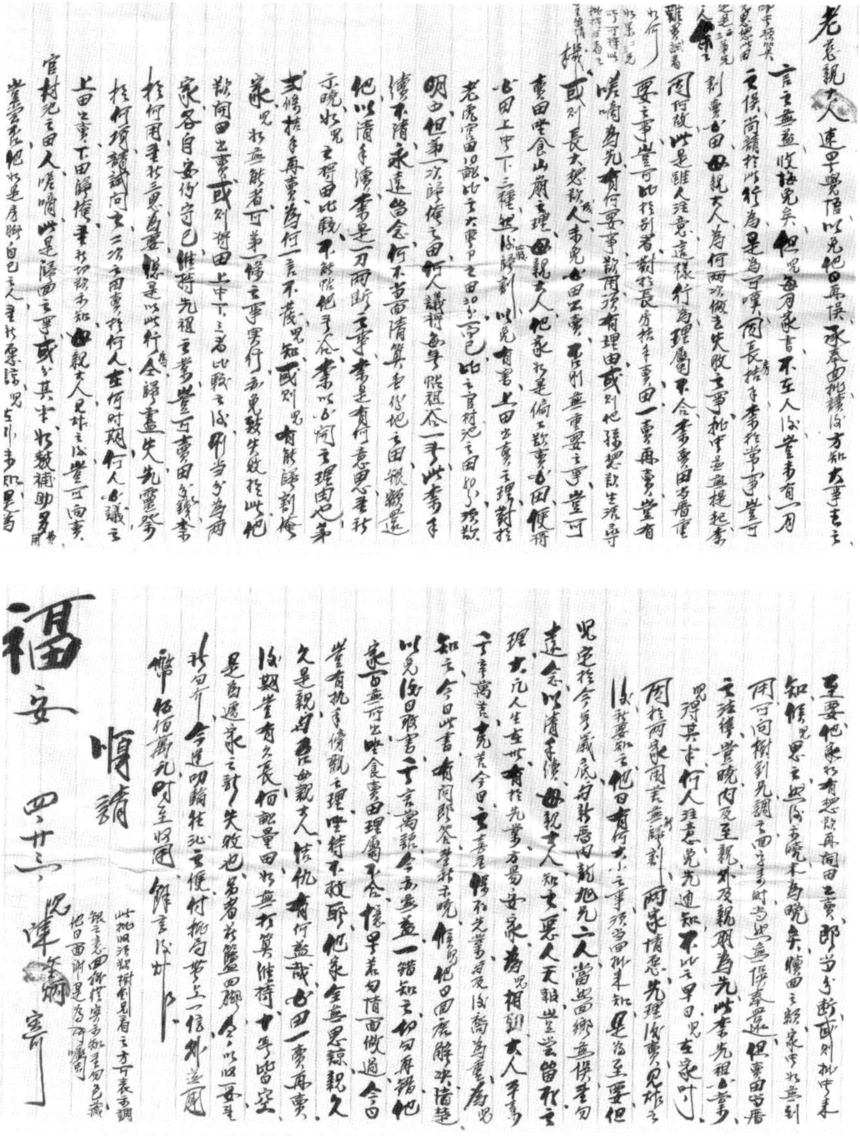

圖 2.01

況下，私自兩次把田產賣給他人，他得知後忿忿不平，寫下這封長信，再三責問。

　　首先，他追究「此是誰人主意？」對賣田地這種行為他非常憤恨，他的理由有三：一是田產是「祖宗之業，豈可賣田分錢？」這種「賣田當厝」的舉止「於理不合」，「坐食山空」，「公田一賣再賣，後期豈有久長？百畝良田，如無打算維持，十年截空。」二是田產屬兩兄弟共有，應當「將田上、中、下三者比較之後，當分成兩家，各自安分守己」，但「歸俺之田，」既「無帖（田產證）」也從未收到「穀租」，「手續不清」，「長房」以「拮手」為由，「或則他孫想欲生活尋機，或則長大想欲成人（即結婚的意思）」，本都應該與二弟商量，可是沒有，所以做弟弟的「豈有執手旁觀之理，坐待不救耶？」第三，也是作為兒子和弟弟的他有足夠理由與母親、兄長理論的是：「兒每月家書，不在人後，豈有一月之誤？」陳志鵬所說的家書，自然就是僑批了，可見這位弟弟是盡了贍養母親和接濟兄長的職責的。即使是這封責問信，他還是匯來 150 元。他是家中的主要的經濟支柱，可是，像賣田這樣的大事，卻沒有和他商量，徵求他的意見，難怪他要寫如此長的一封信，一一數落母親和兄長。他規勸母親「速早覺悟，以免他日再談」，指責母親偏袒大哥，希望母親一碗水端平，主持公道，維護家業。在這封批信中，他還陳述了潮汕人的一個普遍的價值觀：「大凡人生在世，有於先業，方易安家。為兒相勸大人平素千辛萬苦，刻苦今日，希望保存先業，以及後裔為重。」潮汕人習慣說某某是「世家底」，就是指有先人積累的家業。這樣的人，發展的機會更多些。

　　陳志鵬的批信應了潮汕人的一句俗話：「番畔錢銀唐山福」，華僑在海外拚搏得來的錢，卻讓在國內的親屬享用甚至敗光。陳志鵬的長兄「敗家有道」，從 1948 年開始賣地兩次，如此賣到 1949 年解放，自然就成了赤貧了，倒可以免去土改時被評為地主富農之虞，究竟是幸還是不幸，又不可知了！

二、知恩圖報，寄錢救災

　　剛得知家鄉受災，還不知道災情有多嚴重，華僑便先匯來國幣 30 萬元，對一個受災家庭來說，真是像下了一場及時雨。

　　圖 2.02，是新加坡華僑林思曾於民國卅六年（1947）五月十五日寫給饒邑隆都前溪新鄉的姑母的批信，上面寫道：「近悉唐中於四月十九日大水為患，數處堤崩，一切農業受害不淺，早冬恐難收成，現米價已漲至四十萬元之度，百物因此飛高，生活更形困苦，未知俺鄉位於四圍底內，曾否受其波及？來信未見提示，諒必平安。」雖然沒有接到受災的信息，他在該批仍寄來國幣 30 萬元。

　　不久（六月初三日），他的姑母接到寄來的 30 萬國幣後回批道：「此次水災，為姑之處漲至得後樓，各物都收上樓，而祖母處又為皆然，而幸不致崩堤，洋中各植物皆被淹，稻禾唯存二成之多，致因現時穀價每擔廿萬

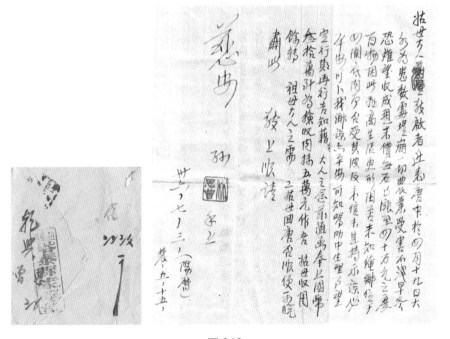

圖 2.02

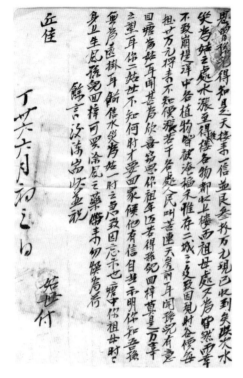

圖 2.03

元，將來不知價漲若干，各處人民叫苦連天矣！」（圖 2.03）

　　果然水災的禍害如林思曾在新加坡所聞一樣，他提前把錢匯來，以免姑母家遭受飢餓，當然，這也是報答姑母在抗戰期間對他一家的照顧，這是潮人知恩圖報的體現。

　　（註：這兩封僑批和回批剛好成對。）

三、一方有難，多方支援

　　有時，在海外的華僑碰到不測之事，一時中斷了僑批，使家中的妻子或父母引起懷疑或誤會，就會請親朋好友代他勸解。

　　華僑陳秀輝在寫給妻子賽針的僑批中說道：「忠正弟自從四五月身體不適，為齒痛致起，請不對醫生，致生腫痛成月（一個月整），再請西醫調治，幸喜蒼天保庇，今已平安，免掛。非他逐月不寄，因手中拮据，費了許多醫金，極多，祈知之，如有暇時可與忠正妗詳知，祈言免介。」（如圖 2.04）

　　俗話說：「牙痛不是病，痛起來真要命」，在這封僑批上提到了忠正便是由於牙痛，又被醫生開錯了藥，以致釀成大病，花費了許多錢，家批也中斷了，他怕引起妻子的猜疑，因陳秀輝的妻子和忠正的妻子是閨中好友，又是親戚，因此託她前去解釋最為恰當。

　　也許陳秀輝是受忠正之託，幫忙找藉口為他開脫。但他也是一片好心，成人之美，儘量做到「親幫親、鄰幫鄰」。

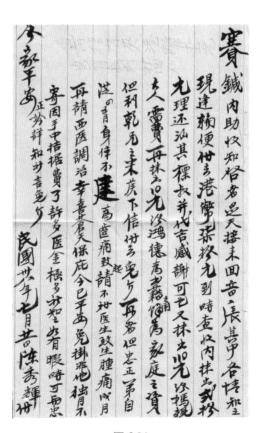

圖 2.04

圖 2.05

　　在國內家鄉，僑眷們一方有難、多方支援。如漢松寫給忠易叔的批信說道：「內室來書道及前家嚴在亞構叔佃之屋，但未到期。今其對於衣食欠缺之故，欲收該屋出賣，但未確實與虛言，而姪身寄異域，實難辦理，而內室未諳此事，故特奉上寸草，請叔台到時代為辦理一切，叨在至親，諒無推諉也。」（如圖 2.05）

　　華僑長期在國外，家中只剩下婦孺之輩，碰到家中有大事，只好付託至親或長輩，讓他們幫忙處理，無論在海外或是國內，潮人總會團結一致、互相幫助的。

四、真誠相助　肝膽相照

　　很多華僑下南洋，都是和家鄉親人或鄰里結伴同行，也經常結集而居，偶爾誰碰上點難事，總能獲得周圍同鄉親人的幫助；同樣的，很多僑眷家庭，在家鄉也會互相照應，一方有難，八方來幫。這種樂於助人，互

幫互助的好風氣，正是潮人世代傳承下來的好家風。即使到了海外，這些優良品德也沒有被遺忘，這從僑批中都可以看到。方以烈於民國廿二年（1933）五月廿四日寫給吳鏡明道：「因接桐光來信數封，均係求弟付款與彼，弟經覆書，述我苦況，奈他最後叠函，云彼染病沉重，所有薪水概作醫藥尚感不敷，今天又來一信，云他病尚未愈而被他東主革職，苦狀難言，囑弟付去二三元為彼醫藥，但弟每月入息甚微，兼之酬酢浩繁，今又於號末之景，薪水支罄，然見桐光苦況，情堪憐恤，敢特修書告兄，懇為設法貳元，轉與桐光為醫藥，倘荷允許，此款於下月寫批來隆興，弟代寄抑或俟弟出號（出號，發工資的意思）璧趙亦可，但事屬急切，望兄勿卻是禱。苟能照懇，可託速芳君代投。此外另勞兄代為調查桐光之舉動對於病重確實與否，及被革職有無是事，望於暇時示知是荷。」（見圖 2.06）從該信看來，方以烈確實是一位熱心助人、肝膽相照的好朋友，他自己已是兩袖清風，但接到朋友求助的信，他心軟了，馬上託自己的另一位朋友吳鏡明先

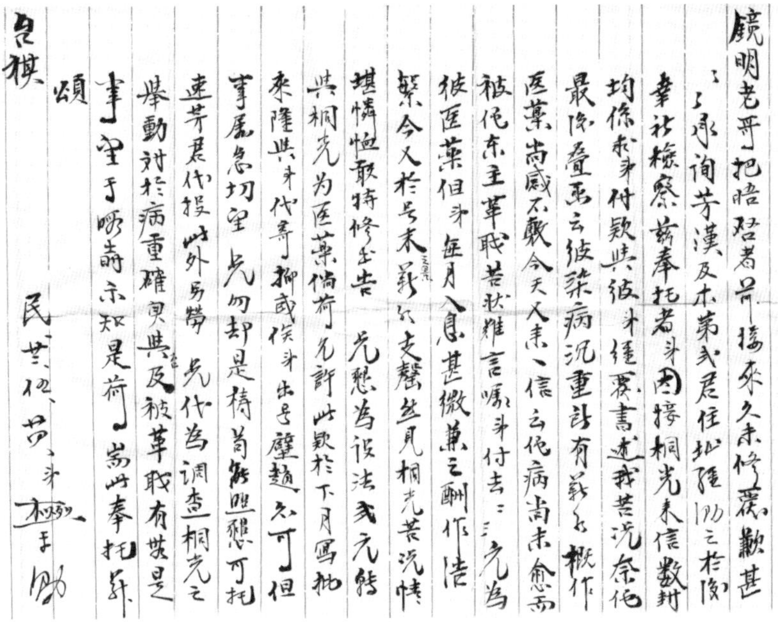
鏡明老哥把晤 啓者前接來久未修覆歉甚
之承詢芳漢及本弟式君住址經 函之於後
章祈檢察 茲奉托者弟因接桐光來信數封
均係求弟付款與彼弟經覆書述我苦況奈他
最後叠函云彼染病沉重所有薪水概作
医藥尚感不敷今天又來一信云他病尚未愈而
被他東主革職苦狀難言囑弟付去二三元為
彼医藥但弟每月入息甚微兼之酬酢浩
繁今又於号末之景支罄然見桐光苦況情
堪憐恤敢特修書告 兄懇為設法貳元轉
與桐光為医藥倘荷 允許此款於下月寫批
來隆興弟代寄抑或俟弟出号璧趙亦可但
事屬急切望 兄勿却是禱苟能照懇可托
速芳君代投此外另勞 兄代為調查桐光之
舉動對於病重確實與否及被革職有無是
事望於暇時示知是荷 耑此奉托并
頌
台祺 民廿二、五、廿四、弟 烈手啓

圖 2.06

支付 2 元給桐光，答應下月寄批時代為還清——完璧歸趙。自己的經濟是捉襟見肘，但聽聞親友病重，還是不忍心不理，向朋友借錢救急，這封華僑方以烈寫給好友吳鏡明的信函，體現了潮僑家庭仗義、急人所急的忘我精神。

他自稱「酬酢浩繁」，可見他是一個有求必應、豪爽俠義、兩肋插刀的「宋公明」，許多朋友在遇到困難時就會想起他，但也可能曾經太仗義，有時也會被人騙了，因此他除了救助桐光外，又多了個心眼，讓吳鏡明去調查桐光生病、被革職是否屬實。

知恩圖報是潮汕人的一種美德。如圖 2.07，是育銙寫給姆母的回批：「姪數年來遭此惡劣環境，家庭數口，日食難度，受此摧殘，非筆墨所能

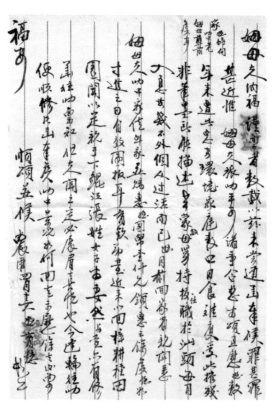

圖 2.07

描述。幸蒙敵母舅提拔，任職於汕頭，每月入息無幾，不外個人過活而已……姆母惠賜姪國幣壹千元，領惠之餘，候姪如寸進之日，自效圖報耳。」育鋕在萬般窮困潦倒之時，姆母雪中送炭，使他萬分感激，他表示今後有機會要報答姆母的搭救之恩。

有人真誠相助，有人知恩圖報，便構成了社會的和諧。誠信是潮汕的文化因子之一，也是潮人世代相承的好風氣。潮汕文化源於中原儒家文化，儒家文化強調誠信，「人而無信，不知其可也」，將其做為衡量一個人的重要標準，因此潮汕家風家訓都十分注重誠信。

五、投資家鄉，改善生活

僑批是華僑家庭成員之間的通信，最私人化、真實的家書，這些記載具有實時性、原始性，對於研究近代潮汕經濟發展史來說，屬於第一手資料，特別是這些僑批大都發生在普通人之間，此前較少進入史家的視野，這次被「打撈」出來，就具有更加重要的史料價值。以前書寫僑領的重大貢獻，較少看到普通華僑的身影，而一封封僑批為我們呈現了普通華僑的歷史鏡像，以及多位個體的鮮活形象，從而使這段歷史的血肉更加豐滿，表情更加豐富，也就更加動人心魄。

二十世紀二、三十年代，曾經是汕頭市經濟大發展時期，當時進出汕頭港的輪船總噸位居全國第三位，僅次於上海、廣州，許多華僑看準時機，籌集資金來汕投資，大大推動了地方經濟勃興，是汕頭發展的一個黃金時期。

香港林一波於民國廿二年（1933）四月廿七日寫信給胞兄林紹宗道：「愚民兄是屆來函，報俺去年公款除置汕鋪後，尚存 800 元，彼於彼時與聲羽留築厝前之灰路。」（如圖 2.08）看來，林一波可能是香港某商會或同鄉會的負責人之一，他們的團體除來汕購置店鋪外，餘款用在家鄉修路上。他在信中還向胞兄提及「弟返家後尚負有重大要務，候至時再搞磋商」，說明他身任要職，也許是來汕頭投資的商賈之一。他寫批用的便箋是香港庚發

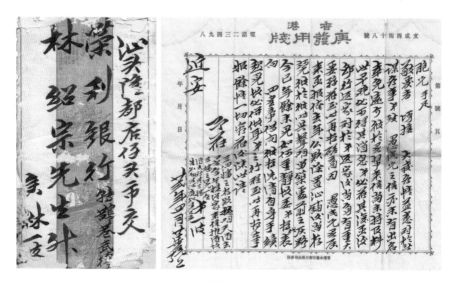

圖 2.08

公司的，寄到汕頭的地址是由隆都店仔頭市的榮利銀行轉交，進一步證明他們與銀行有着密切的錢款往來關係。

　　據資料記載，至 1932 年，汕頭錢莊、銀行達 60 多家，專兼營匯兌僑批的業務，使華僑的大量資金能在家鄉投資、擴大種植園、建造商舖宅第、修橋鋪路、興辦學校醫院，改善家鄉生活環境，提高人民生活水平，促進了潮汕近代經濟的發展。

　　華僑邦照於乙年葭月（十一月）十七日寫批信給母親說：「前接家兄夾書來叻，在四弟批內所述，五弟婦買園等事，吾已尚有與於磋商，經已同意，故已進行。是天有匯有信莊一票汕銀伍佰元，到時園業若有買就，命二兄或敏芝出汕領取可也。」（圖 2.09）從這封批信可以看出兩個信息，一是花 500 元買的園業是一個不小的產業，而且須經整個家族以及海外家人的一致同意才購買的，可以說是關係到整個家族命運的大投資；二是雖然該批沒有寫清楚是哪一年，但通過錢莊兌匯的年代大約是二十世紀的二三十年代，寄批者為他們的排行第三的兄弟，在海外開辦工廠，事業有成，才能大筆一揮，斥資 500 元，來家鄉購買一處園林，他們來往的是通過錢莊匯兌的。

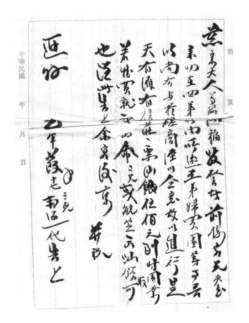

圖 2.09

六、郵儲收批，解救僑眷

　　抗日戰爭期間，家鄉人民流離失所、啃糠咽菜、食不果腹，尤其是
1941 年 12 月 8 日太平洋戰爭爆發以後，海上交通中斷，香港、泰國、馬來
亞、新加坡各地先後被日軍侵佔，南洋各地僑批一律中斷，廣大僑眷嗷嗷
待哺，陷入困境。

　　為救僑屬於水火，廣東郵政儲匯局通過海外銀行替收批信，開闢了郵
儲收批的新局面。如圖 2.10，是沙拉越華僑鄭錫聲於庚年（1940）五月廿三
日通過華僑銀行匯來大銀（應為國幣）20 元，轉到國內蓋上當地郵政儲金
兌付的郵戳。

　　這種郵戳獨具一格，它是中間一個圓郵戳，上面有中英文「汕頭」的
字樣，中腰處是日期，兩邊有兩片像翅膀的長方格，上面有「郵政儲金匯
兌、穩固便利迅速」兩句話，此戳存世量很少。

　　廣東郵政儲匯局成立於 1935 年 3 月，它在戰前與僑批局、華僑銀行在僑批業上形成「三國鼎立」的局面，三者在業務上既相互競爭，但也互相緊密合作，僑批局在國內外負責批信的攬收和分發；僑批局收寄的批款則交由華僑銀行儘快匯入國內；郵政儲匯局負責批信在國內的投發。

　　在抗日戰爭的非常時期，三者的關係更是密不可分，互補其短，各盡其長，共同為僑眷分憂解難。在那個時期，日本侵略者給華僑家庭及所在國人民所帶來的苦難觸目驚心，海外華僑同胞心繫祖國，毀家紓難的愛國情懷令人感動。

　　下面一封僑批上的紅、藍、黑三戳更是充分說明了三者聯手解救僑眷的事實。

　　如圖 2.11，該批信於 1939 年由吉隆坡寄至潮汕澄邑，此時抗日戰爭剛爆發不久，信背上連蓋藍、紅、黑三個印戳，十分引人注目：藍色印戳為

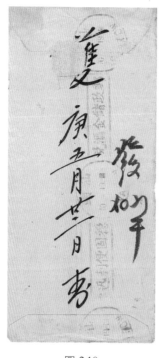

圖 2.10

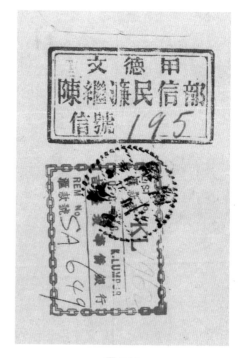
圖 2.11

「文德甲陳繼濂民信部信號195」，是批局攬批後蓋上的；紅色印戳「吉隆坡華僑銀行匯款號SA649」，是銀行接到匯款後蓋上去的；最後，黑色印戳「廣東揭陽、廿八年五月廿二日」是揭陽郵政儲匯局蓋的轉口戳，這三枚黑、紅、藍印戳的內涵十分豐富，它們生動地反映了非常時期（抗戰期間）批局、銀行和郵政儲匯局聯手寄遞僑批的情形以及其中迂迴郵路的歷程，是上述三者竭力為僑眷服務的歷史見證。

　　由於抗日戰爭爆發，郵路中斷，許多僑批無法及時傳遞。怎麼辦？一些批信局便採用靈活的方法，把僑批款委託華僑銀行（抗戰初期尚可）匯來給某批信局或某人收領，陳繼濂民信部便是這樣費盡心思，運用一切可以通行的渠道郵寄僑批，目的只有一個：為了救濟陷於水深火熱的淪陷區裏的僑眷。他們把收到的批銀通過吉隆坡華僑銀行匯到國內的揭陽郵政儲匯局收，再由揭陽郵政儲匯局分發給僑眷。抗日僑批反映了中華民族傳統的美德規範，在艱苦卓絕的抗戰期間，廣大華僑支援國家抗戰，同時恪守傳統家庭倫理，傳承中華民族的傳統精神，誠信友愛，自強不息，源源不斷地寄出僑批，而有關部門鼎力相助，發揚了堅強互助的精神，有了這種精神，才有了抗戰最後的勝利，才有了華僑愛國事業上的成功，才有了他們對家鄉所做出的巨大貢獻。

七、親人衣食，無微不至

　　對遠在南洋的華僑來說，讓家鄉親人生活安定、吃飽穿暖，就是他們最開心的事情。在物質匱乏的年代，遠在異國他鄉的華僑不但定時寄來僑批，贍養親屬，幫扶親朋，還對家鄉的親人的吃穿用照顧得十分周全，時不時還會寄上一些國內沒有的「洋貨」，讓親人過上舒坦一些的日子。僑批裏所提及寄回家鄉的物品，在如今看來很多都不是罕見之物，有的還奇奇怪怪的，但在那個年代，卻猶如春風十里，暖人心懷。國內親人的衣食住行是海外華僑時常掛在心頭的大事，稍有差池，他們便急如熱鍋上的螞

蟻，而為了滿足家人物質上的需求，他們更是竭盡所能。

　　如圖 2.12，這是兒子林文朝寫給母親的批信，他寫道：「文欽來信緣何言及俺家無屋可居，向利興嫂借屋居住，此是何故也？因先時慈親不是言及與二伯分家之時，俺分得二間，此刻來信言無屋可居，使兒實是不明白，復望大人回示知至要。」當林文朝得知自己家人無屋可居、不得不向人租屋時，

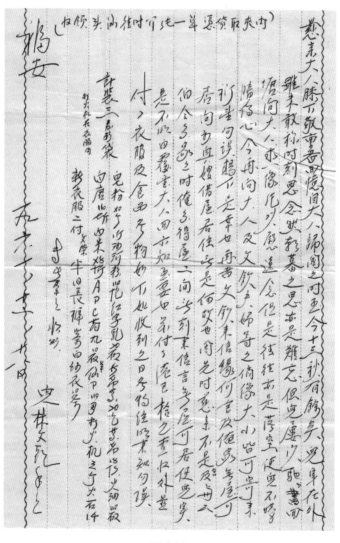

圖 2.12

他心中十分焦慮。分家時分得的兩間房屋，過了一段歲月，也許失修倒塌，也許人口增多擠不下，也許因貧窮賣掉了，這些都是有可能發生的事，但由於家人沒有說清楚，讓他百思不得其解，急切要母親來信告知。

　　從該封僑批來看，林文朝是一位對家人十分盡職盡力的人，他除了寄上 10 元港幣外，還寄出了皂粉、沙河粉、奶粉、煤油、白糖、白米、藥品、補品、打火機、火石、衣物等東西，從吃到用到穿，一應俱全。

　　如圖 2.13，是開治於 1951 年六月十八日寄給父親的回批，上面寫道：「吾妹欲討青羊毛和剪布，兒亦欲天時之衣服，去年大人帶來之衣服現已穿壞，可剪短褲二件、夏羽怡二件。」僑眷都認為海外的布料好，要華僑千

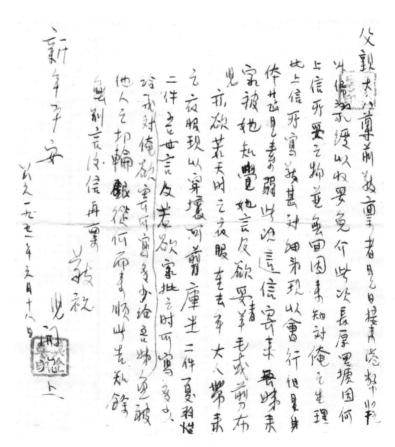

圖 2.13

里迢迢寄來，而且把長褲剪成短褲，真是「新三年，舊三年，縫縫補補又三年」。如圖 2.14，新加坡華僑鄭續舉在寫給雙親的批信中說道：「惜懷老叔回塘，男曾託他帶上白柳條川綢、黃斜文布、四目羅布等件，嬤母也曾寄回烏川綢布並藍川綢布。」其實川綢應產於中國四川，華僑反而不遠萬里從海外寄來。如圖 2.15，是一位華僑寄物清單，內容更加豐富多彩，有針菜、中墨補、沙魚乾、鹹魚、蝦米、魷魚、豆仁、腐竹、瓜冊、柿餅、麥片等 30 多種，無所不至。

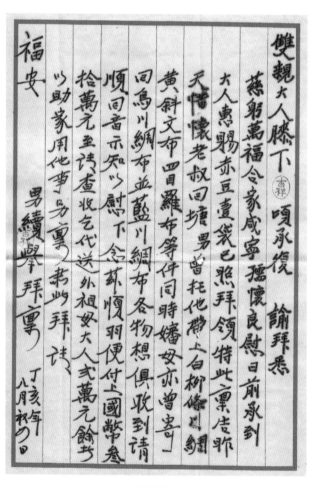

圖 2.14

圖 2.15

　　新加坡華僑黃自如於 1960 年三月廿一日寄給妻子淑紉的批信中寫道：
「承云拾一號收到叻寄郵江魚乾拾兩，知之。但該郵費 1.4 元，此佈。近狀叻
中江魚價太貴，因被本坡人等搶買寄塘中之故耳。目下江魚價每斤提高 2.8
元至 3 元，況且貨罕也。此味候每月份當採寄一次，毋須掛懷。」（圖 2.16）

　　江魚，是海生一種小魚，味甜骨軟，營養價值較高，曬成魚乾後可煎
可煮，十分可口。在 1960 年那經濟緊張的年代，華僑不惜以魚價一半的郵
費為家人寄來江魚乾，而且每月一寄，真是關懷備至。同封批信中還提到：
「聞塘中布較叻價太昂，候早晚有利上手，自當買寄可耳。」可見他們都把
親人的衣食住行排在首位。

　　新加坡華僑林木葵於民國卅八年（1949）八月初六寫給父親的批信中説
道：「許瑞和盟兄信中言及父親欲買被布一領，但叻中一切物件比塘價高，又

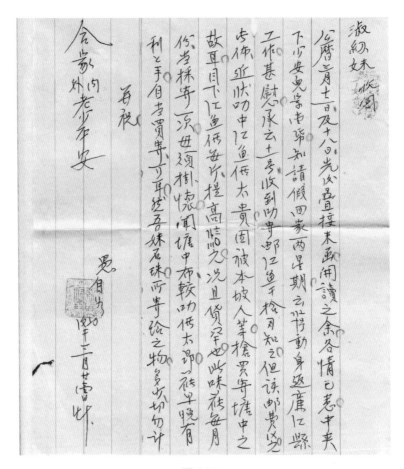

圖 2.16

欲送水客帶到酒力，如此不便。請大人可在塘買可也。」（圖 2.17）連被子都
要兒子從海外買了寄回來，雖然兒子沒有照辦，但仍寄錢讓父親在家鄉購買。

　　對家鄉親人的關懷何止是衣食住行？如圖 2.18，新加坡一位華僑寫信
給母親說：「大人來信說，胞兄要結婚，要求要銀，合巧現在又來新問題」，
他所說的「新問題」是「叻中行情壞生意，慶爭公司放出街市上的萬多元
的數（欠款）無很容易收，又加上近來連連下雨，天氣很冷，生果沒有人
買，腐爛的生果堆成山。搞得一周遭（周遭，潮語，如此折騰的意思）半
個多月中公司虧本兩仟多元，生意越來越困難，為此所以割給別人做，現

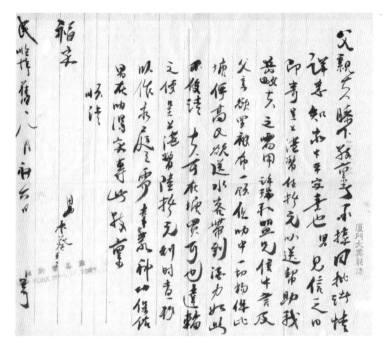

圖 2.17

在這個失敗花費了一筆錢，經濟困難往往碰到問題，所以現下供不應求，是慚愧的事」，胞兄要結婚，弟弟如果經濟寬裕時一定會支持一下的，但偏偏又碰上生意失敗，欠款一時收不回來，做弟弟心中十分愧疚，於是他又問：「未知婚約可以改慢些？若是可以慢就再慢，以便準備」，他把哥哥結婚的費用當做己任。

在二十世紀 60 年代初，由於 3 年的自然災害，我國人民的物質生活十分匱乏，而當時家有親戚朋友在東南亞或港澳的都被視為高人一等，收到這些東西的僑眷時常會分一些給鄰居們，引來眾多的羨慕和垂涎，這是沒有經歷過當年飢餓和貧困的人們無法體驗到的。其實有些華僑本身並不富裕，但一聽說家鄉的親友們一窮二白，便竭盡所能，把一些物品寄回祖國救濟親友，他們的無私像一縷春風，暖人心懷。看到這些僑批，回憶往事，不由得讓人感歎不已。

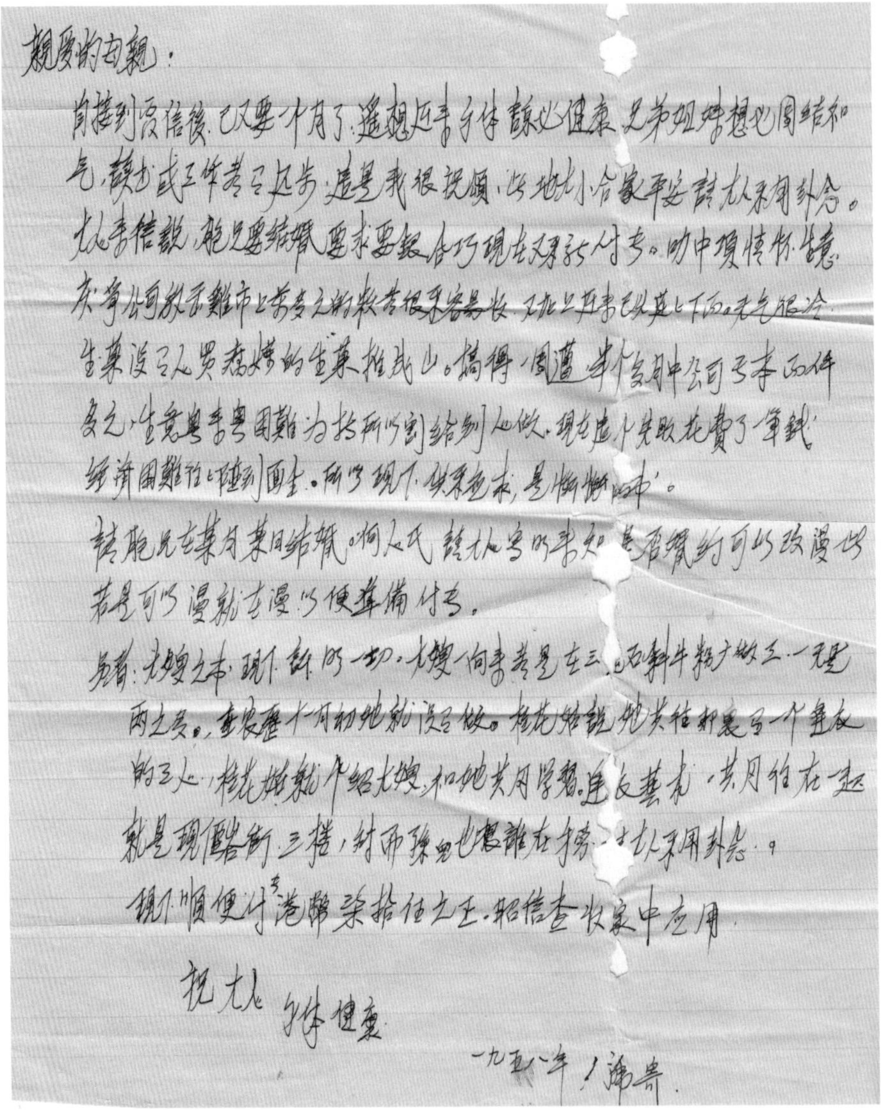

親愛的母親：

自接到來信後，已是半個月了。遙想近事平件麟麟必但康，兄弟姐妹想必圓結和
氣，努力武工作考已進步，這是我很祝願，此地如小舍家平安，對大家可科合。
大家信敬，包足要結婚還未要錢，舍巧現在又重新付去。叨中項情你。生意。
來等舍可教示難市上等者之敬者很未密長，主此不平事已其以下面，不气服冷
生菜沒弓人買羞嫣的生菜指成少。傷得一周道。半亇舍中公司弓本面件
多之。生竟與者粵困難為於析以劃結列此做。現去造少盏敗花費了筆錢，
經濟困難節心陸到面生。所以現不做未乞未；是悄悄咽咻。

轉胞兄者集月某日結婚。响人氏。經林兮吩事如。甚看紙約可以改漫好
若是可以漫新音漫以便準備付去。

另者：大嫂之本。現作釣以切。大嫂向者考星去三。而新牛羧沙敷工一程
两之愛。重度歷不可初她新沒弓做。核花嫣跪亇紹大嫂，和她美月學習。進友基本，美月伯在一起
就是現僅替新三搭，村而躲此慼雖在接。大人不用科念。

現作順便付港幣柒拾任之五。招信查收家中應用。

　　祝先人

　　　　男林健庚。

　　　　　　　　一九五八年！海寄。

圖 2.18

八、生活匱乏，僑匯支持

在 1959 年至 1962 年中國因人禍天災而出現的經濟困難時期，當時，政府為了照顧華僑，實行僑匯可以購買糧食、油、布匹、糖、煙等食品、副食品和日用品的優惠政策。

圖 2.19，是新加坡華僑李欽為於 1959 年 8 月 5 日寄到潮安鶴巢鄉母親的僑批，批款是 40 元港幣。封背貼上「潮安僑戶購物登記證」，並加蓋一枚「潮安縣商業局華僑商店購物證專用章」，上面還蓋着「煙購完」「大米購完」「副食品購完」等小印章。在縣城，可購的還有糖、豆、肉、布、花生、茶葉等，種類繁多。

可是，在村鎮一級商店可選擇的範圍就少多了。圖 2.20，是華僑林銳

圖 2.19

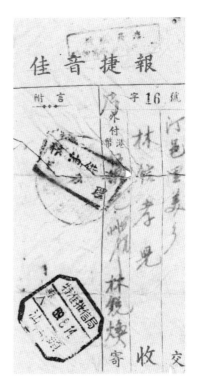

圖 2.20

煥於 1959 年 8 月 14 日寄到澄海里美鄉兒子林信孝的僑批，批款是 50 港
元，封背上只加蓋了「橫隴商店」和「糧油供應」兩個印章，可見只能在
橫隴商店購買糧油而已，待遇低得多了。同樣是外匯，可是供應不同，這
也是城鄉長期差別的一個反映。

　　隨着經濟緊張的加劇和優惠政策的實施，華僑很關心在家鄉親人的
生活，寄匯回家的數量急劇增長，商業部門來不及印製貼在封背的「購物
證」，便製作了一個供應印章直接加蓋在封背上，如圖 2.21，是新加坡華僑
李前德於 1960 年 1 月 21 日寄的僑批，便赫然蓋着這樣的印章，上面印着
糧、油、糖、餅等物資的供應及購買情況。

　　不久，廣東省印製了精美的「僑匯商品供應證。」（見圖 2.22）由中
國人民銀行按匯來的金額直接發給僑眷，金額多的可購買的牌價商品就越

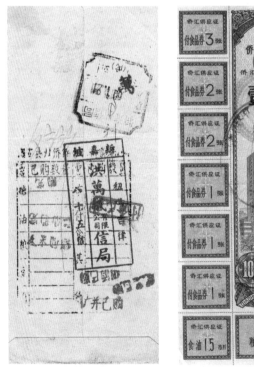

圖 2.21

圖 2.22

多，如 100 元可購買糧食 20 斤、食油 1.5 斤及其他副食品、日用品等。僑匯商品登記證可憑僑批到當地華僑商店領取，如圖 2.23，銀行在結匯時加蓋了一個印章：「本單（批封）暫作僑批證明書，自填發日起一個月內憑本單持向華僑商店換取僑戶購物登記證，逾期作廢。」這種僑匯供應證分發得公平合理，農村和城市都享受同等待遇了，消滅了城鄉差別。

　　「僑匯商品供應證」一直發行至 1992 年，但 90 年代物質豐富，市場價和牌價已經沒有大的差別，許多僑眷已經懶得去用它，所以也就留下一些成為古董。

圖 2.23

九、家鄉公益，熱情捐助

在改革開放之春風吹拂下，許多華僑紛紛回國捐資，熱心於辦學、建祠堂、修橋修路等公益事業。

如圖 2.24，新加坡華僑蕭美泉於 1984 年 3 月 6 日寫批信給兒子蕭紹鎮說：「對舊枋橋要做灰埕一事，目下做妥否？如要謝土，須要工程完成。」村裏的木橋改建成水泥橋，華僑熱情捐資。

他在另一封信（1991 年 9 月 20 日寄）中也寫道：「茲有匯去人民幣貳仟元正，到時查收，祈轉交重建祠堂理事之人，內計壹仟元即我的捐款，餘壹仟元是蕭炳文的捐款（即錦發第二子）。」（圖 2.25）

這些捐款，有時是一人獨資，更多的時候是眾人合捐。如蕭美泉在 1984 年 7 月 28 日的來批裏說：「叻中原存之款四千貳佰餘元，已在上次匯

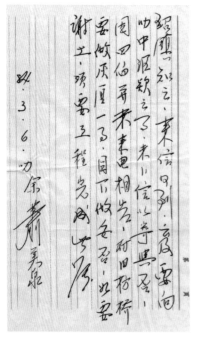

圖 2.24

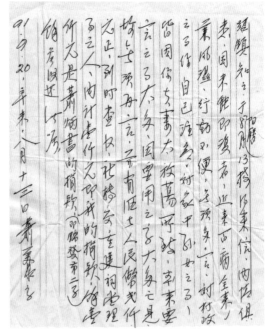

圖 2.25

去 500 元，謝土之用；兼漢松所捐之款壹仟元，交『四伯』伍佰元，尚欠一半；而他已去世，叻中目下存款實三仟貳佰餘元，而要應付四仟餘元之數，定要向叻中諸人再捐，而向捐者每位二三百亦是捐，與壹仟伍佰都亦是捐，在我之意，愈多愈好，如果將來各事辦妥之後，存款若干，暫存銀行。」（圖 2.26）可見蕭美泉是一位熱心於家鄉公益事業的帶頭人，由他牽頭，積極聯絡同鄉人捐資支持家鄉建設，並把捐款的人和錢寫得一清二楚，毫不含糊，這樣的人品，華僑都信得過。

這樣的熱心人不僅自己坐得正、站得直，而且數目公開、透明度高。他於 1984 年 8 月 12 日的來批裏寫道：「只要你等理事人光明正大，數額開支分明，如果一切各事完滿，至切立一塊大石碑於大厝前，以紀念捐款人芳名及開支款額，切勿有誤。然後再寄一信來叻，列明捐款人及合共收到款額若干，開支若干。」（圖 2.27）老人家雖然平時的信件有些囉嗦，但說到公益事業，卻寫得義正詞嚴，條理分明，表現出他公私分明、財政公開的一絲不苟的態度。

圖 2.26

圖 2.27

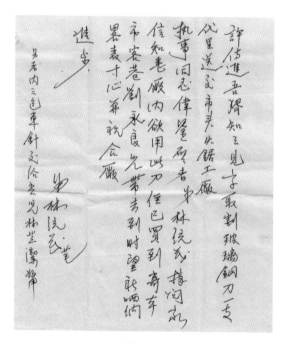

圖 2.28

　　華僑林統茂也是一位熱心家鄉事業的有心人。他於 1973 年 2 月 20 日在寄給女婿許傳進的批信中寫道：「見字取割玻璃鋼刀一支，代呈送交市頭火鋸工廠。」（圖 2.28）他接到家信得知村辦工廠需要此刀，馬上買了寄來。雖然是小小一把刀，也可以見到華僑對家鄉建設的一片真情。這些畢僑在海外十分儉樸，但對家鄉的支持卻是十分大方，並且都是通過自己的子女捐出去的。

十、家鄉公益，積極傾注

　　改革開放後，包產到戶，甚至連一些池塘、公園和工廠都公開招標，由私人承包，許多華僑家屬因有「南風窗」而首先進入參與投標的行列。

　　如圖 2.29，新加坡華僑蕭美泉於 1985 年 7 月 24 日在寫給兒子蕭紹鎮的

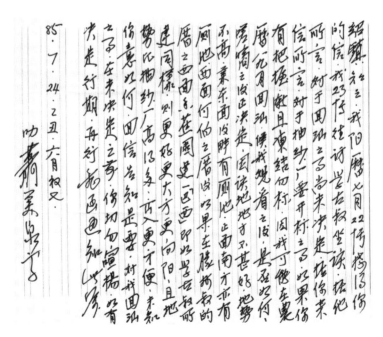

圖 2.29

批信中説道：「據你來信所言，對於抽紗廠要開標之事，如果你有把握，暫且凍結勿標，因我可能在農曆八九月回汕，候我觀看之後，是否如何，磋商之後正決定。」因是新生事物，老華僑心中仍存疑慮，想親自來印證一下，再決定投資與否。

兩年多後，形勢更加明朗了，老華僑回鄉投資的態度就十分堅決了。他於 1987 年 11 月 25 日在給兒子的批信中這樣寫道：「對我村公園及公池，如到期開標，至切要多標。」（圖 2.30）「至切」兩字，表達了老華僑對開放改革政策的理解和信任以及愛國愛鄉、報效鄉梓的迫切心情，他吩咐兒子對村建的公園、池塘等地方要多標些，以免坐失良機。

潮汕地區向來有樂善好施、熱心公益的優良傳統，有些人平時做人低調、不顯山不露水，但在捐款時卻十分踴躍、大方。遠離家鄉的華僑，秉承傳統，更是把對家鄉的熱愛傾注到參與家鄉的公益事業上。在潮汕，就有不少學校、醫院、橋路、祠堂是由華僑捐建的。翻閱僑批，經常可以發

圖 2.30

現華僑熱心參與家鄉各種公益活動的隻言片語，他們在外艱苦創業，白手起家，自己節儉過日，卻願意把血汗錢捐給家鄉修橋築路、賑災濟困，憑的就是一顆桑梓之心，很多人離開家鄉數十年，最後還是會回到家鄉，願意站起來帶頭做公益，帶動更多的人參與到公益事業中，這樣才能匯集更多力量，聚沙成塔、集腋成裘，去完成更多、更大的公益事業。

十一、救濟親戚，無微不至

潮汕平原歷來人多地少，生存不易；下南洋到了異國他鄉，人生地不熟，生存同樣艱難。面對這樣的環境，潮人族羣也唯有互幫互助，才能共度難關。「合則兩利，鬥則俱傷」，這是潮人樂於助人、還不完的人情債形成的客觀因素。新加坡華僑林展開於庚年（1940）四月初八日寫給妻子妙椒的僑批：「現在叻中行情非常苦慘，想吾每月所得無幾，對於交朋濟友之費甚多，日間自己零用亦不少。現值塘中百物昂貴，雖有錢買無物，吾已知矣。現若無批水如此高漲，而我在叻亦難以供給月間家情之費用，諒吾自來叻以來受了千般苦境，至於現在尚不如人，忽而憂東，忽而憂西，日思夜想，更無一日之清心也，每思至極處，徒作一歎，自怨命之卑鄙耳！」（如圖 2.31）林展開交朋濟友之費甚多，使他不堪重負。他每信都是讓妻子把匯去的僑批款或東西分發給多人，如圖 2.32，他寄來國幣 4000 元，分發七八人，只剩下 1150 元做為家用。碰上過年，林展開要應酬的人就更多了，他於庚年（1940）十一月廿六日寄給妻子妙椒的批信中寫道：「逢輪便寄過年批一封，付去國幣捌拾元正，到時查收，照信分抹為要，內計四元與吾祖父大人收，四元與雙親大人收，四元與吾叔嬸大人收，二元與老細嬸大人收，二元與老二嬸大人收，四元與東鳳老姆收，四元與二姨收，二元與育欽收，二元與仙洲老三姈收，四元與吾二兒以為腰金之用。」（圖 2.33）要孝敬的不只是祖父和雙親，還有三親六戚、七大姑八大姨，永遠是還不完的人情債。

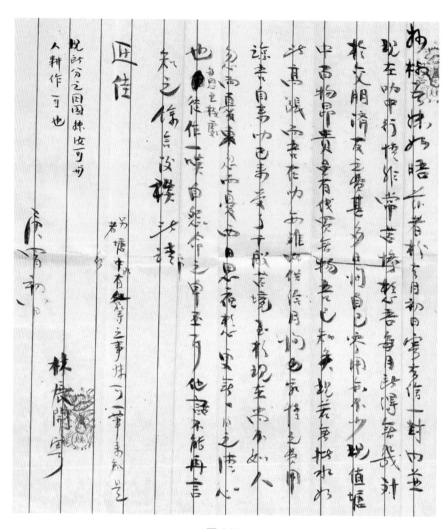

圖 2.31

　　長年累月不間斷地寄，習慣成自然，間或有欠寄時，反而招惹來責問。

　　林展開於辛年（1941）元月十六日寫給妻子妙椒：「五元欲與東鳳汝姆收用。因汝母去年十一月缺一月無寄與汝姆，汝姆即寄於潔趙叔批中來言，說及緣何無寄，汝母聞之甚覺不樂！」本來寄給親戚的僑匯並沒有規定非寄不可的，何況是處於日本侵略軍佔領中國許多地方的非常時期，但由於每月都按慣例收到的僑批卻突然中斷了，僑屬感到很不習慣，又不好

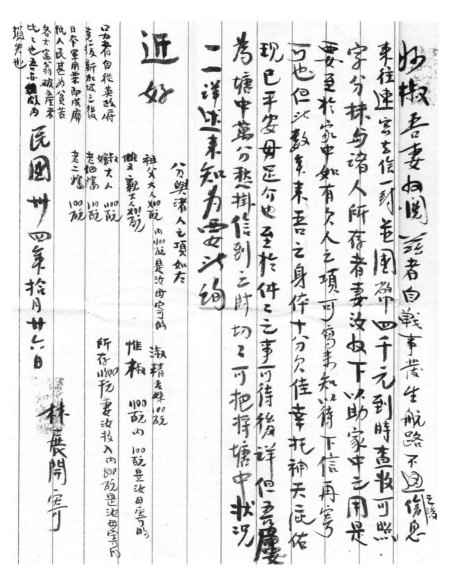

圖 2.32

意思直接寫信去詢問，只好間接去催討，真是還不完的人情債。潮人文化
脫胎於中原儒家文化。儒家文化提倡「與眾同樂」，提倡「達則兼濟天下」，
這是潮人樂於助人好家風形成的主觀因素。因此，親戚之間的救濟習慣成
自然，偶然一個月沒寄僑批反而惹來了麻煩。

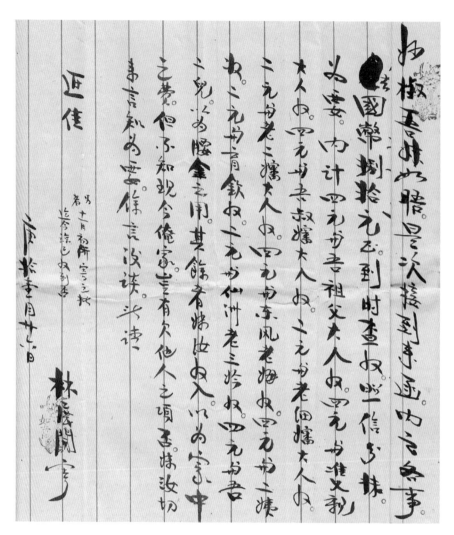

圖 2.33

　　對自己的直系親屬，林展開更是無微不至，把家人的一切都攬了下來，連兒子的婚禮費用也「承包」。林展開於 1956 年二月廿一日寫給妻子妙椒：「如生意能得長期久遠好做，你等衣食定保無虞也，吾自當應付會夠，請免掛之！」（圖 2.34）又說：「而叻中小生意年內頗有生意，但現日常不過賺會夠費用耳，萬般都是吾一人之艱苦耳，請免掛念。」他把一家

生活的重擔繫於一身，寧可自己多流汗、多辛苦，也要保證國內家人的溫飽無憂，進而連兒子娶媳婦的費用也「承包」下來。他於 1956 年三月廿日寫給妻子：「兒媳之肖像，使余一觀不勝喜出望外也。可喜兒子現已長大成人，此乃汝之功也。但對於道存將來欲結婚之費，俟吾多數月自當寄去付用無誤，汝全免掛念也。」（圖 2.35）華僑在海外辛苦掙錢，也是為了家鄉妻兒的生活，本來兒子長大了娶媳婦，應該自立更生，但作為父親仍包山包海，為兒子寄來結婚的費用。

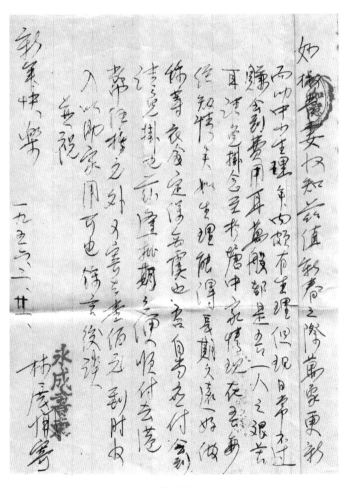

圖 2.34

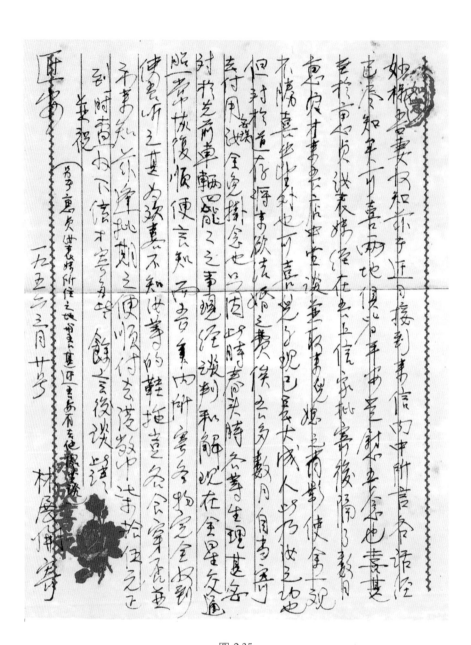

圖 2.35

十二、逢年過節，面面俱到

　　華僑在外國謀生，心繫桑梓，每寄僑批給家鄉親人時，總是儘可能照顧一些長輩和親戚、朋友，尤其是逢年過節，更是面面俱到，一個不漏。

　　圖 2.36，是新加坡華僑蔡碧娥於民國卅六年（1947）正月廿三日寄給姆母國幣 3 萬元，分發給 15 人，每人 2000 元；

　　圖 2.37，是新加坡華僑鄭續舉於戊子年（1948）寄給雙親金圓券 600元，也是分發給 15 人。人數之眾，這兩封可稱為「之最」，而且從稱呼看，並不都是至親，有許多是鄉中的老輩人。按照寄批的時間，是在元旦和春節之間，雖然他們有的有、有的沒有說明是給長輩們壓歲的，但是大多數華僑在歲末給長輩寄點錢，表示敬意，這是一種多年來形成的習慣，是潮汕華僑的習俗之一。這類僑批，可以稱為「禮儀僑批」。

　　圖 2.38，是寶欽寄給母親的批信，時間為乙年（1935）十二月初六，在春節即將到來之際，他呈上國幣 30 元，其中明確寫明給各人的腰金：「大人

圖 2.36

No.＿＿＿＿＿

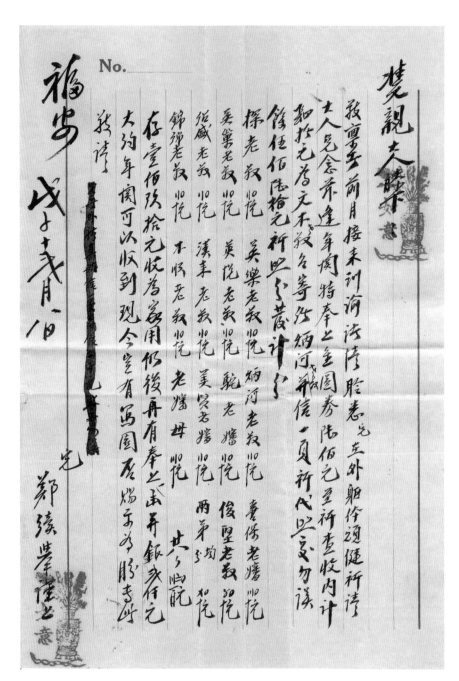

圖 2.37

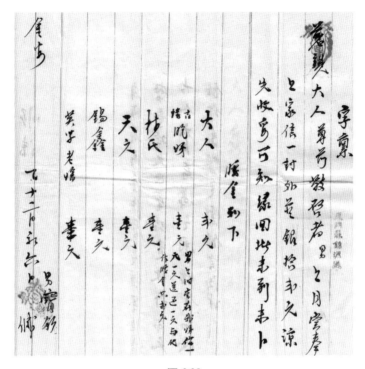

圖 2.38

貳元，古惜胞姐壹元，林氏壹元，天元壹元，錫鑫壹元，英學老嬸壹元。」此外，還特地寫明曾向姐借一元，現在還一元，再加一元腰金。在春節前儘可能把欠債還清，以免影響到第二年不吉利，這也是潮汕人的風俗之一。

　　即使是同輩人，也同樣有寄這種「禮儀僑批」。圖 2.39 是泰國華僑盧亦章於十二月初六給家鄉的大嫂的僑批，寄光銀 52 元，其中 50 元是還借款的，另外 2 元是「送嫂大人壓腰，希爾哂納勿卻」。

　　長輩經常會在春節時給兒孫輩分點壓歲錢，給他們過年時零花。如圖 2.40，信中寫明「本幫再寄來伍拾元，內中拾伍元系祖母份下自己寄的，計四元與玉奕壓歲，四元與玉奕弟壓歲。餘七元留在新春拜祖之用。」從信的內容看，這位祖母十分疼愛自己的孫兒，在春節前特意拿出私房錢給兒孫壓歲。

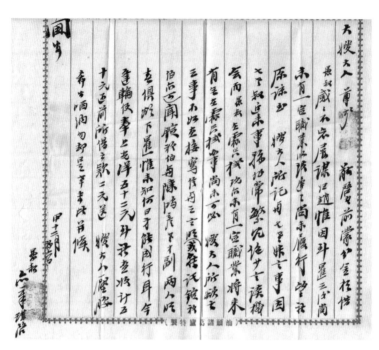

圖 2.39

圖 2.40

更加能夠表現潮汕是禮儀之邦的是某華僑回鄉探親，另外的華僑會匯款給他，這在許多僑批中屢見不鮮。華僑松昌於庚年（1920）七月十九日寫信給乃文世兄：「自兄捆載榮歸於今一兩月矣，弟未致書問候，愧甚，愧甚。思兄旋梓之後，定然起居安好，令堂大人諒也康健，弟等賀之也。今逢輪船遞付信局帶去光銀六枚，以為茶果之需。」從稱呼看，他們僅是一般的朋友關係，但出自於傳統的禮儀，寄來光銀 6 元。

俗語說，禮多人不怪。華僑雖離家萬里，但心繫桑梓，念念不忘家鄉，逢年過節，依然會按照在家鄉的習俗，寄上批銀，列出名單分發給親戚長輩，這是華僑對長輩們的一點心意。春節的時候，本來是需要一個個登門拜年的，但因離家遙遠，沒法親自前往，但禮數仍要做到，以表示對這些親戚長輩們的敬意，因此在僑批上一字不漏地把他們的名字都列出來，也算是一種遠距離祝福的儀式感。潮汕人特別講究禮節，這些都是潮汕人熱情好客、禮尚往來的好習俗、好家風。

十三、勸誡子女，用心良苦

在數量眾多的僑批中，我們看到最多的是僑居海外的父母關心國內子女讀書、學技能的批信，希望子女讀好書，精通一門技藝，能夠立足於社會。

圖 2.41，是泰國一位名府的華僑於辛未（1931）年十月十五日給妻子的一封僑批，信中寫到：「吾聞來人所說，阿述別事當無學習，會唱曲而已。如是學作工夫、手藝或者文字、音樂皆而可學，倘如會精，希望日後也可度生。」又語重心長對兒子說：「你現行年廿歲，全無學習一件，對人得住？吾在外聞之，贈（贈，潮語「為」的意思）爾之恥矣。」他為已經長大成人卻又無心向學的兒子感到羞恥。

圖 2.42，是這位華僑在泰國的小兒子寫給母親的信，實際上是奉父命規勸兄長認真讀書的：「我未回暹，兄你在親祠堂讀夜書，我經已回暹四五個月，未知兄你有讀書阿無？若是無者，兄你也着去讀，勿去嗎地塊（嗎

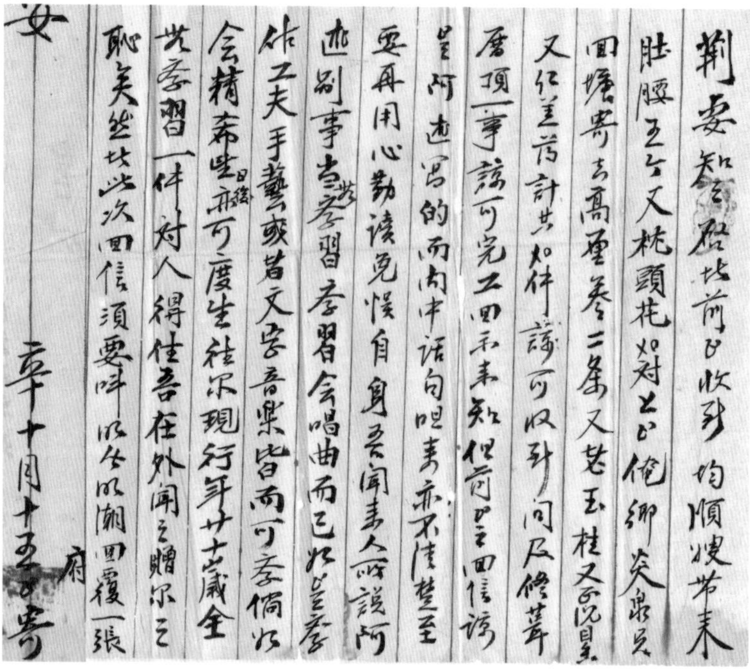

荊妻知悉　啟者此前已收到　均順波带未
胜腰寄去高重参二条又芒玉桂又云說具
又紅玉為討共知件謹可收并問及儂葺
屠頃一事諒可完工四末知但尚可言四信語
昰阿连官的两肉中話句呾吏亦不僅楚至
要再用心勤讀冗慢自身吾聞吾人呀說阿
北別事吾說參習尝習念唱曲而已此尝參
作工夫手藝或昔文言音栗皆而可参倘汝
会精希生亦辦可慶生往尓現行年廿二歳全
芒參習一伴对人得佳吾在外闻之贈尓之
耻英絲比此次回信須要咁咁今呢潮回復一張

安
　　辛十月十五日　府寄

圖 2.41

母親大人膝前謹禀者

金安
敬達金安明合你　著勤心
用心讀書未未合你　著你著
兄个信字未未通覔你
你个書讀未未到父親呾
讀多去無者兄你也著去
無熱是無个月未知兄你有讀書阿
个月未知你有讀書阿
讀夜書我經以回遷四五
我未回遷兄你在親祠堂
奉禀

圖 2.42

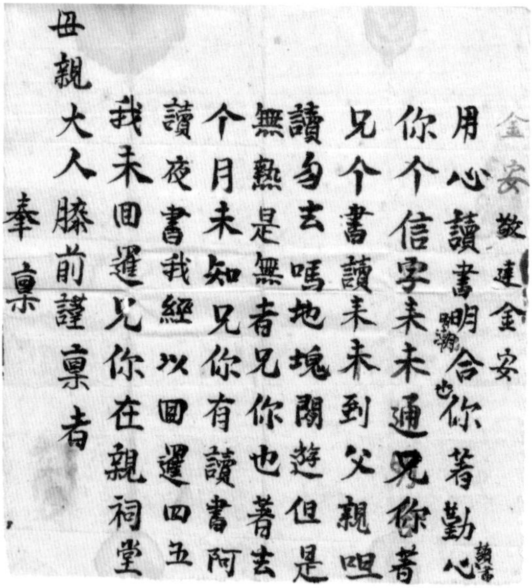

地塊，潮語，四處之意）閑遊遊。但是兄個書讀來未到（讀得不夠），父親咀你個信寫來未通，兄你着用心讀書。」

這個小兒子，跟在父親身邊，讀了些書，粗通文字，字也寫得整齊漂亮，如用潮語來讀，頗為順暢。弟弟對兄長的一番情義，更是躍然紙上。

仔細品味這批信，在父親的心目中，仍是「萬般皆下品、惟有讀書高」的思想，他雖然在自己信中認為兒子去學唱曲，只要學得精，也可以作為謀生的職業，但骨子裏仍然希望兒子多讀點書，不僅讓妻子監督和親自責罵大兒子，而且還讓小兒子也一起勸說，可謂用心良苦！

從這封僑批中，我們也看到，在1931年的僑鄉就辦有夜校，供農家子女讀書。我潮教育史，應該記上這一筆。潮汕歷史被稱為「海濱鄒魯」，對教育事業一向非常重視，各鄉村有條件的，都在祠堂辦學，聘請一位教師，吸收農家子弟去讀書，這封僑批真實地反映了當時的實況。

十四、子女教育，念念不忘

許多華僑是因為家庭貧困而背井離鄉、遠渡重洋到異國他鄉謀生的，當他們在海外立足、經濟上稍有可能時，便不遺餘力供給家鄉的子孫、甚至親戚的子女上學，把希望寄託在後代身上，囑咐他們力求上進，學好本領，做對社會有貢獻的人。華僑雖身處萬里之外，念念不忘的仍是子女的教育問題，早年，潮汕許多青壯年都下南洋，將孩子留給家中的老人看護，造成「留守老人」和「留守兒童」，而讀書和教育，是各類僑批中出現頻率最高的詞彙之一。同時，許多勤勞致富、事業有成的潮商，也紛紛回鄉捐資建校、發展教育、資助貧困學子、造福桑梓，這是崇文重教的儒家文化和義利並重的商業文化相互交融與影響的結果。

圖2.43，是馬來亞華僑馮雲根於甲戌年（1934）二月十八日寄給妻子的僑批，信中寫道：「運元男須勤功讀書，切不可學惡習賭博一切，至囑至囑！」疊連兩個「至囑」，可見他盼子成龍心切。在這封批信中，他還提及

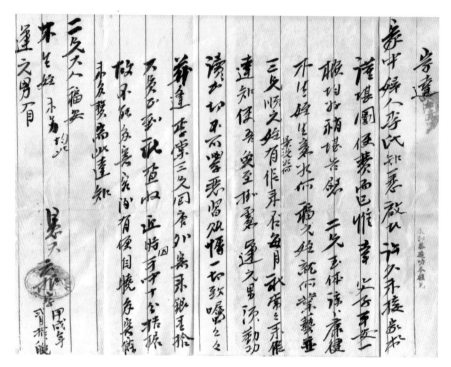

圖 2.43

「福元姪就何業藝？並三兄順元姪景況如何？」

　　對兄長的兒子他也十分關照。他雖然「現外面時勢無甚喜色，店中生意比舊年還略差」，「手中十分拮据」，但他仍寄來銀圓 10 元供家用和子女讀書。

　　圖 2.44，是香港的林七寫給母親的批信：「俺家最大的毛病就是文化水準太低，如能夠多培養一些後輩，讓他們多些求學的機會，多些見見世面，心胸自然開朗。」林七在外奮鬥多年，看出家中缺乏文化素養的這一最大缺陷，立志培養下一代。

　　有位華僑於民國卅年（1941）二月初十日寫批信給女兒御瑞說：「汝弟不聽大嫂教訓，每日外出閑遊嬉戲，不思入學從師，信到日與他通知，下半春（下學期）若不入學讀書，今後愚立不抹銀與他之費也。」（圖 2.45）家中兒子整天游手好閑、不肯讀書，父親下了「最後通牒」，下學期再不去讀書，批銀裏就不再分給他錢了。

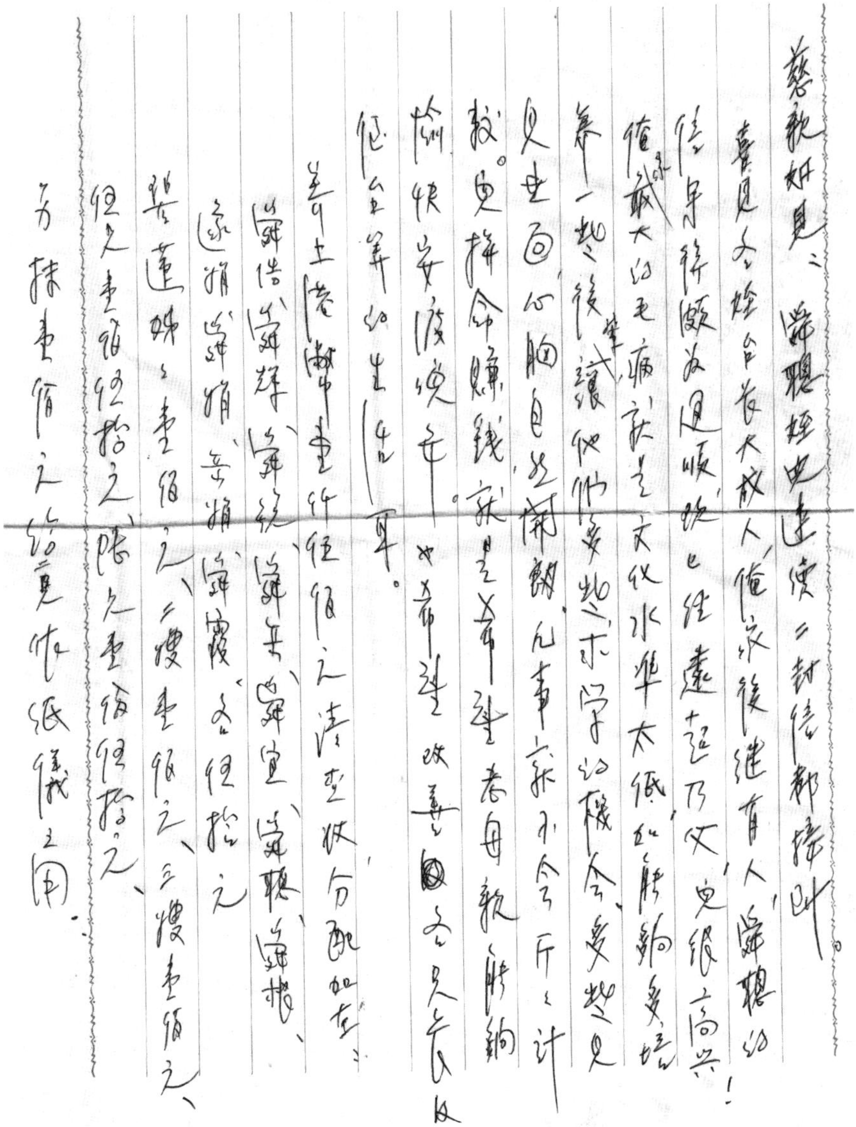

藝欣好兒：聽聽姑史述後一封信鄉紹叮。

壹見本信全家大欣人俺眾後建有人歸聽的

信東得叔叔侄順妳已往遠赴乃父史很高興！

俺感大的毛病就是文化水準太低的勝夠多培

無一地後讓他們多地求學的機會。愛地史

見生囬心胸自丝而朗你事宗母今斤。計

校史擇命婦錢家是每鉅春母教情納。

愉很安陵院生候。希望園去又久食女

但生半的生你。

美少土倍學中任組之清重收分配如左。

寧借世牂群尾後尋年章宜寧聽堂找、

造消群尾、尋霞愛但拾之。

藝蓮妹、壹组义八搜重組之三搜重組之、

但是章组任拾之院久壹组份拾之、

万扶本信之陷壹作低儀之圍。

圖 2.44

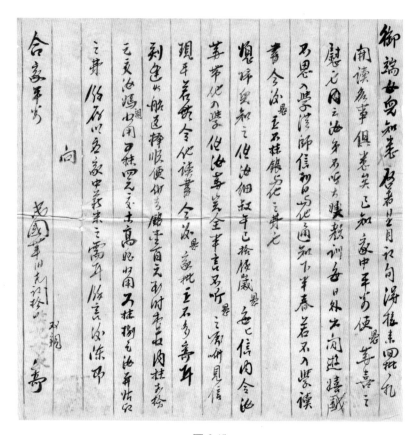

圖 2.45

父親以不寄批相威脅，強迫兒子去學校讀書，可謂用心良苦。在同一批中他又交代兒媳：「汝細叔（即指二兒子）已拾餘歲，愚每每信內令汝等帶他入學，但汝等完全半言不聽，愚之囑咐，見信現年若無令他讀書，今後愚家批立不多寄耳。」這位華僑雙管齊下，既交代自己的女兒督促兒子去上學，又叫兒媳婦管教自己的小叔子必須去學校讀書，否則就不寄批銀給他。言語真切，一位父親對兒子恨鐵不成鋼，對家人不重視讀書的急切之態躍然於信箋之上。

新加坡華僑林展開於庚年（1950）十一月初六日寫給妻子妙椒說：「道存吾兒汝須叫他勤心讀書為要，並叫他着時常寫信給吾看，以資練習可也，如有錯處，余則可與他改正也。」（圖 2.46）

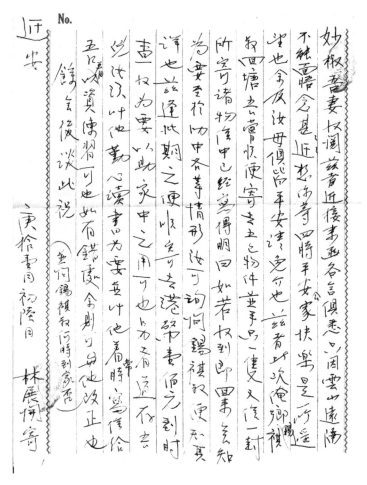

圖 2.46

　　林展開讓兒子寫信去，隨時可了解兒子學業的進步情況。

　　華僑漢松也於民國卅六年（1947）十二月十五日寄給妻子張氏的批信中提到：「胞弟入學，每月家情需用約在貳拾萬元左右，此事當能照行，每月自然應付需用，不敢有誤。所因近年來運不偶，謀事無就，致使愚在此各節要用亦甚拮据。」（圖 2.47）雖然手頭拮据，仍保證弟弟的讀書費用，充分體現了華僑十分重視對下一代的培養。僑批是中華民族倫理傳承的見證，一代代華僑和僑眷在仁愛孝悌、重義輕利、謙和禮讓、真誠有信的薰

陶下，形成強烈的「根」的意識，從許多僑批的字裏行間不時地流露出來。

　　這些僑批，有些是抗戰前的，有些是抗戰後的，總之，華僑教育子女讀書上進的傳統，始終如一，永遠不變。潮汕崇文重教的歷史悠久。唐朝韓愈蒞潮，興辦教育，「贏得江山盡姓韓」。潮汕人自此信奉「地瘦栽松柏，家貧子讀書」的理念，至宋代已有「海濱鄒魯是潮汕」的美譽。近代更是精英輩出，在自然人文等各學科湧現出一大批著名人物，彰顯潮汕深厚的文化底蘊，而人才的出現，正是先進的教育理念和發達的教育系統所造就。

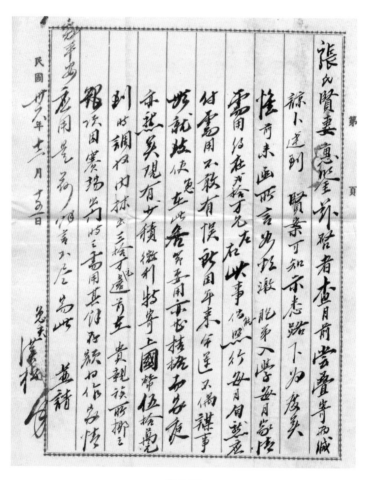

圖 2.47

十五、典田葬父，寄錢贖回

父親去世，家中沒錢，只好先把田典出，然後等海外華僑寄錢回來贖田，表現了子女對長輩的一片孝心。

如圖 2.48，這封回批就是講述了這樣的一個故事：「你上次付來之款贖取中心段之田，奈因期限未滿，等來年冬能夠可以取贖。該田典與本孜之妻手中，該田價大約有五石穀度數，此錢當日不是弟拿來浪費，因父親去世，一應所使，將田割他手中。又者對現市三石穀能值香港幣 45 元度數，弟日前娘□□典與他人手中已贖回，該價銀 3.5 石穀。」

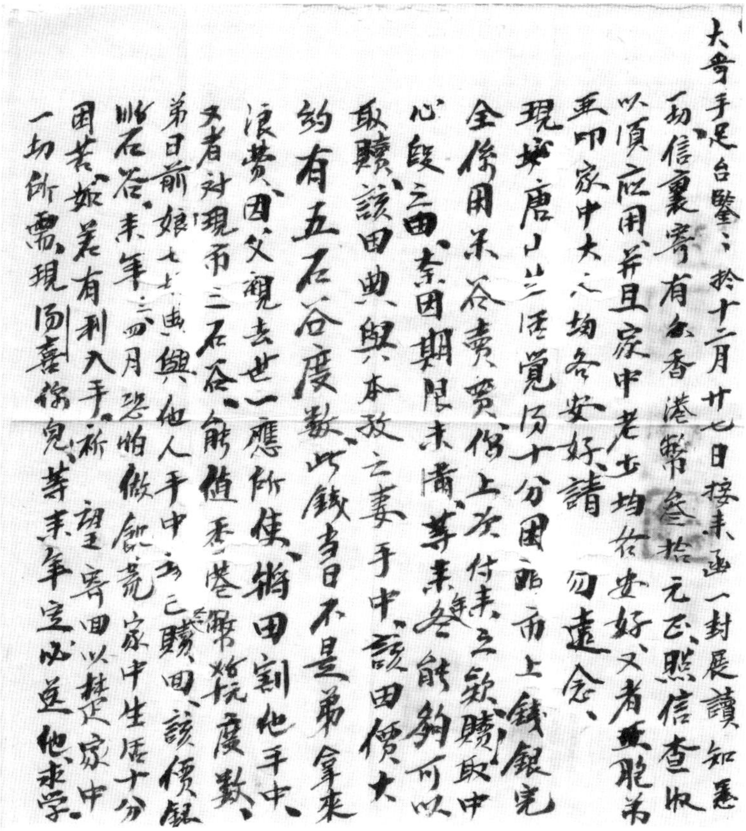
大哥手足台鑒：於十二月廿七日接來函一封展讀知悉
函信裏寄有〇香港幣叁拾元正，照信查收
以須應用，并且家中老少均各安好，又者無能弟
亞叩家中大小均各安好，請 勿遠念，
現在唐山生活覺得十分困難，市上錢銀兌
全係用米谷賣買，你上次付來之款贖取中
心段之田，奈因期限未滿，等來年冬能夠可以
取贖，該田典與本孜之妻手中，該田價大
約有五石谷度數，此錢當日不是弟拿來
浪費，因父親去世一應所使，將田割他手中，
又者對現市三石谷能值香港幣〇〇度數，
弟日前娘七七[illegible]典與他人手中[illegible]已贖回，該價銀
[illegible]石谷，來年三四月恐怕做飢荒，家中生活十分
困苦，如若有利入手，祈 望寄回以楚家中
一切所需，現因喜你兒等來年定必送他求學。

圖 2.48

這是寶溪瑤溪鍾新於 1949 年十二月廿五日寫給僑居暹羅的大哥鍾茂的回批，鍾茂這次寄來港幣 30 元，上次寄多少，該回批沒寫明，總之已贖回一片田，尚有另一片田沒贖回。該封僑批中弟弟告知在海外的兄長，前段時間因父親去世，家中無餘糧，只能忍痛把地當給別人，如今贖回一塊，還有一塊未能贖回。也許「禍兮福之所倚」，這個時間正值解放初期，典出的土地一時無法贖回，也許壞事就會變成好事，因為在土改中是根據各家擁有土地多少來評定階級成分的。

十六、孝字當先，冷暖掛懷

孝，是我國儒學的重要內容之一，許多華僑人雖在外，卻傳承了這個優良傳統，把心緊緊繫在長輩身上。

鏡明在寫給妻子的批信中提到：「近來洋地炎熱異常，寒暑表至百餘度，回憶塘中此時亦在暑天時候，何況兼蚊虻頗多，令人怕之，余在家之日飽受其苦，回思我母之門簾破碎，彼時余在家之時因經濟壓迫，未有購置，見字之日切要購買，勿延為要。」（圖 4.49）門簾大都是用竹條編的，既通風又擋蚊蠅，還可遮陽。鏡明回到國外才想起沒有買新的門簾給母親換上，馬上寫信囑咐妻子立即購買。一張小小的門簾，卻體現出他對母親的一片孝心。

旅居馬來亞鬥湖的林漢松於民國廿八年（1939）八月初八日在寫給母親的批信中提到：「兒自別家，諒必對吾妻情意投合，望大人對於吵鬧之事是萬萬不可，免汝兒之念心也。家務諸事，可讓吾妻做去，請汝老人家悠游尋樂為要，但弟妹須着指導，寬心也。」（圖 4.50）

林漢松儘量讓母親多去外面遊玩，放寬心，家務事則由自己的妻子「全包」，更重要的是婆媳關係和諧，全家和睦相處，是他所企盼的。但不幸的是，他的母親於第二年（民國廿九年）「因病而亡，致使吾妻一切金飾典當他家，以資安葬，此乃吾賢妻之孝道矣「（圖 4.51）他的妻子的確賢惠，不僅對婆母盡孝侍奉，婆母去世還不惜把自己的首飾都典當出去而厚葬老人。

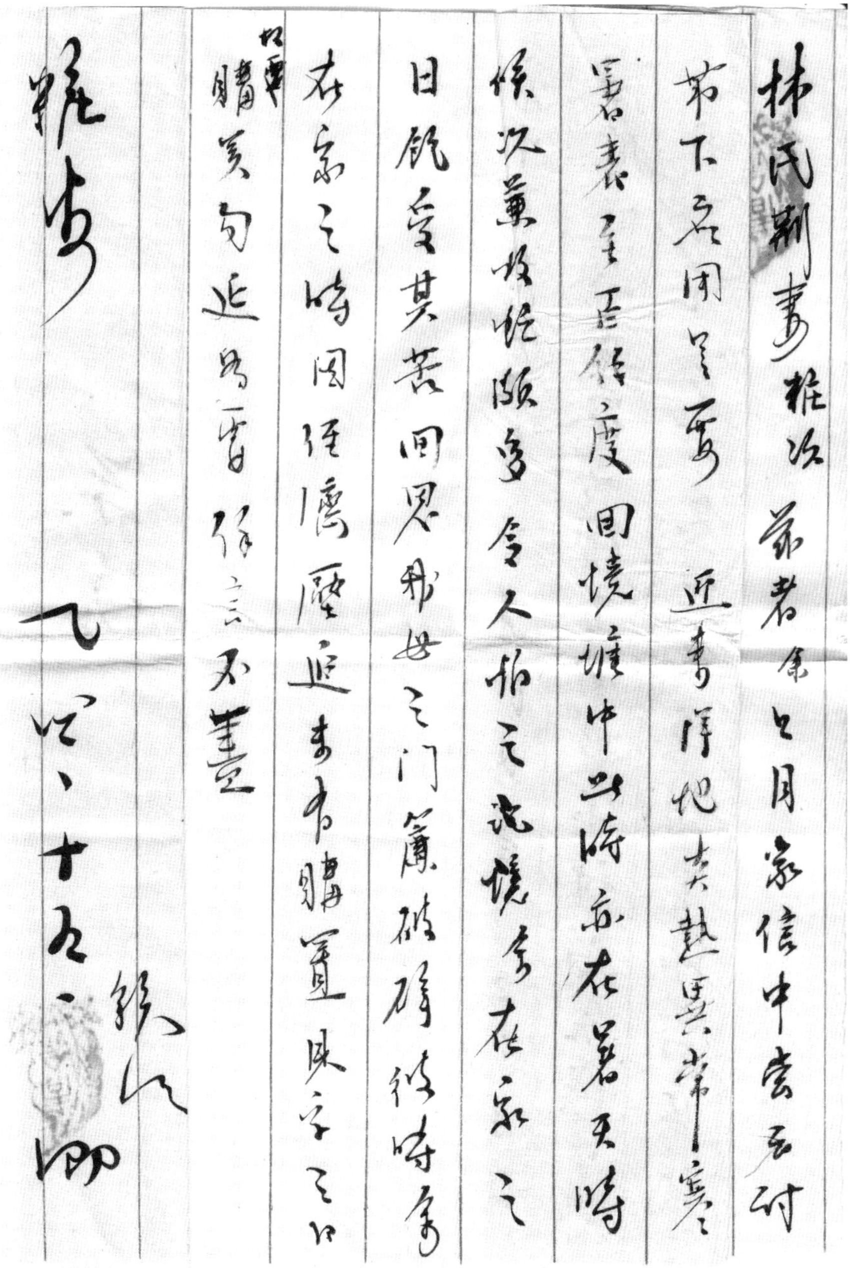

林氏荊妻粧次　前者余七月家信中曾云討
節下召回之事　近來得悉其甚異常寒心
吾妻至工作度　回憶壚中之時亦在吾天時
候次第收拾頗多令人悲之記憶令在家之
日飽受其苦同累我母之門簾破碎待時為
在家之時因經歷近來有購置床字之以
（切要）購買句近日留信言不盡
[illegible]凡
粧安　乙[illegible]、十五、卅

圖 4.49

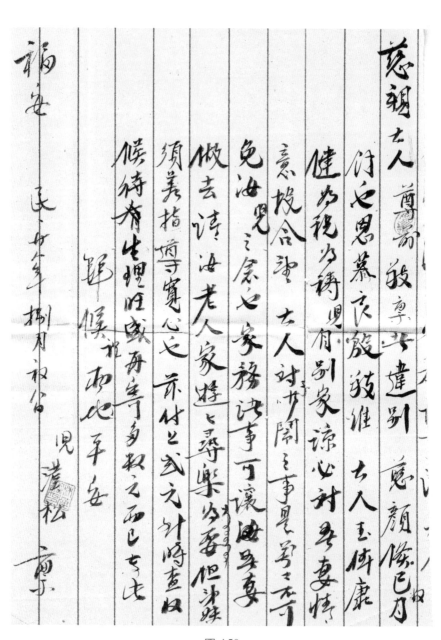

圖 4.50

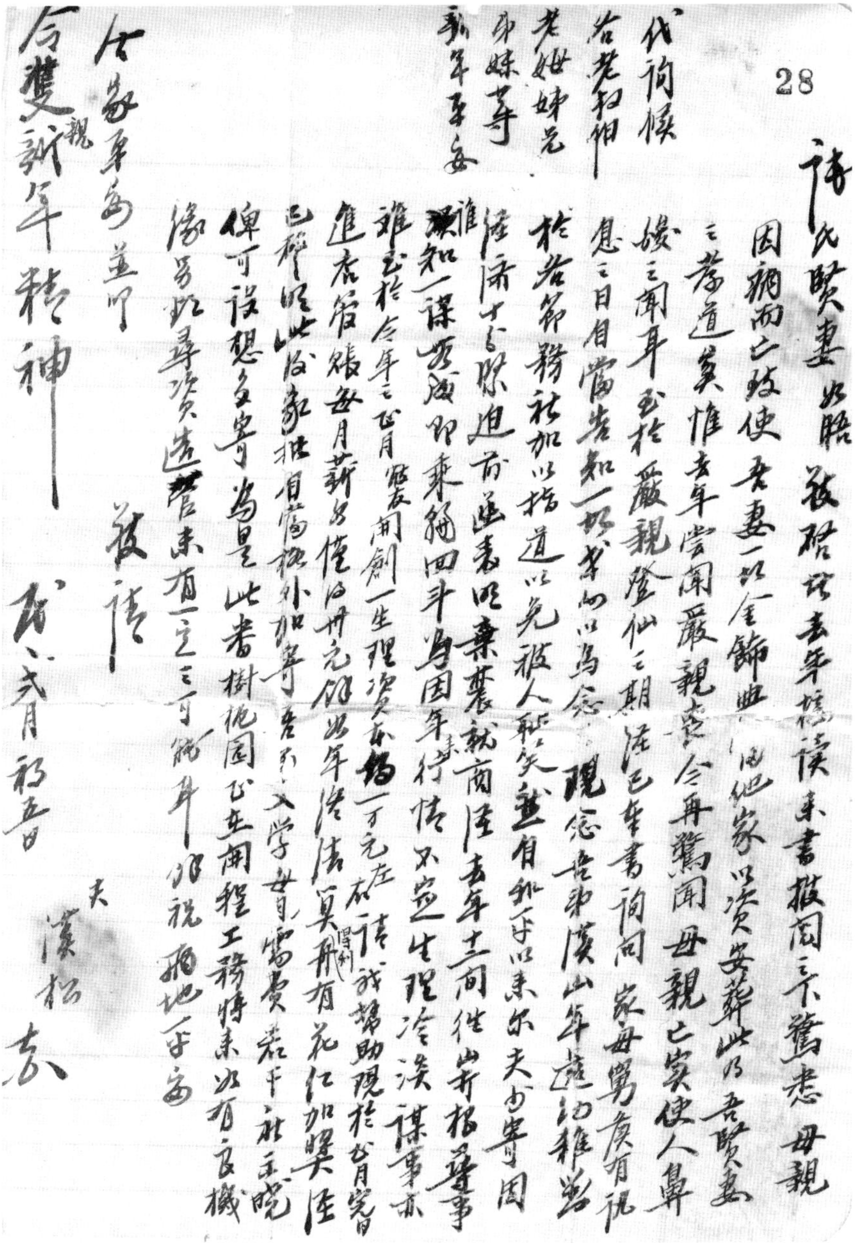

28

詩民賢妻 必閱 茲接誦去年橋淡來書披閱不勝悲　母親
因病而亡致使吾妻二兒全賴典（他他）家以資安葬此乃吾賢妻

（孝道）莫惟去年嘗聞嚴親慈愛今再驚聞母親亡實使人鼻

媛三南耳玉枝嚴親登仙之期陸已年書詢問家母費庚有祝
想三日目當考如一旦失如以為念　現念吾孫陵山年遙如雅當

老姐姐光枯若節務社加以指道以免被人恥笑並自如共以東尔夫力費困
各老和伯

陸陳十七依遠進前遂表現棄農就商去年土商從中枉枉枉舉舉枉
誰知一謀廢海即乘稍四斗為困年仵恃又窒牛理冷淡謀事亦

源武哲今年三当内發用創一生理資本如一寸元在信我幫助現稅於月黨曾
在管賬每月薪名佳歸元如此年洽信真開有花紅加興往

進知當情家批有簡換外加寺者新文学女嚮貴志平社孟晚
三秉照此俗如永雅有

俾可諒想多寄 為是此書樹花園以立開程工務特來以有哀懷
濟号此尋資逜譬來有一二三可論年邦祝相地平安

代詢候

女每年每 益啊親

恭祝

發信

親

今雙新年精神——　賀元月初五日
天
濱松 启

圖 4.51

　　林漢松還在該封批信中提到「去年嘗聞嚴親喪，今再驚聞母親亡，實使人鼻酸之聞耳。至於嚴親登仙之期經已寫書詢問。」父母親相隔一年相繼去世，真是不幸。尋醫問藥花去不少錢，加上辦理後事，家中已一貧如洗，而林漢松自己的事業並不順利：「爾夫少寄，因經濟十分緊迫，前函表明棄農就商，經去年十二月間往山打根尋事，誰知一謀無成，即乘輪迴鬥（鬥，即鬥湖，馬來亞地名），因為年來行情不定，生意冷淡，謀事亦難。至於今年之正月敝友開創一生意，資本約一萬元左右，請我幫助，現於正月完日進店管賬，每月薪金僅得卅元，余如年終結算得利，再有花紅加獎，經已聲明此後家批自當格外加寄。」對父母沒有盡到孝道，雖有具

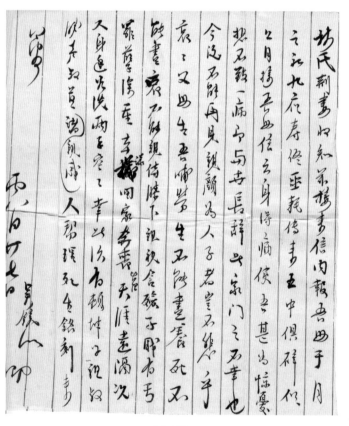

圖 4.52

體客觀原因，但林漢松仍感到內疚。

又有一封僑批，也是談及自己母親去世的，語言更加悽切：「接來信內報，吾母於月之初九夜壽終，惡耗傳來，五中俱碎。但上月接吾母信，云身得病，使吾甚為驚憂，想不致一病即與世長辭，此家門之不幸也。今後不能再見親顏，為人子者，豈不悲乎？哀之父母生吾哺勞，生不能盡養，死不能盡哀，不能親侍膝下，親視含殮，子職有虧，罪孽深重。本想回家奔喪，皆因天涯遠隔，況又身邊如洗，兩手空空，幸此次有顏坤、學祖叔、成聲叔並親戚諸人幫理，死生銘刻。來信云九月初一為與吾母修齋一事，如已進行不待言，如未進行從中磋商，進行各節事須欲與吾父親一樣做法為是。」（圖 4.52）這是吳鏡明於丙年（1936）八月廿七日寫給妻子林氏的，表達了他對母親的深厚感情，也為自己「生不能盡養、死不能盡哀」而深深自責，表現出他的孝心。

十七、心繫長輩，細緻入微

林展開一家由於歷史原因，形成比較特殊的家庭組合：他和岳母（岳父已去世）在新加坡同住，對岳母十分孝順，侍候周到，他的妻兒在潮州樟厝洲與他的祖父住在一起，林展開的父母係因虐待兒媳而分家各過。突然有一天岳母得病，林展開於乙未年（1955）四月初三日寫給妻子妙椒的批信中寫道：「汝母之手腫痛，經在叻調醫數月終不見效，現經在本月初三日早乘海皇輪船回塘，見字切切可往東鳳與××等出汕頭落船扶她上船為要。汕頭客棧是南和興號，一切手續可向行詢問便妥，汝母並帶行李四件。」（圖 4.53）岳母在新加坡生病醫治了幾個月仍無起色，不得已回家鄉醫治，女婿林展開已為她辦理了一切手續，連客棧也預先定好，並交代妻子和妻弟一定要去碼頭扶岳母上岸，想得非常周到。潮汕人自古以來傳承着愛國愛家、孝老愛親、和諧鄰里、助人為樂的好家風，雖然是點滴小事，但從中可以看到，不管是兒子女兒、媳婦女婿，對長輩都是出自內心的關懷，

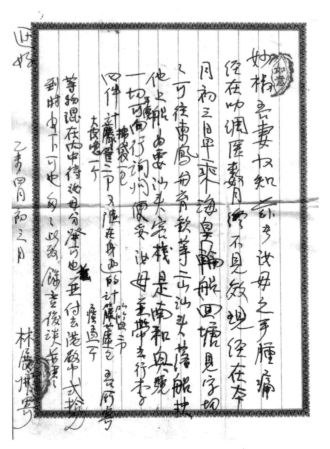

圖 4.53

哪怕經濟有困難，依然心繫長輩，想方設法盡孝，處事細心周到，「孝悌為本」蔚然成風。

　　林展開是一位非常細心的人，他送岳母上船後，寫信叮囑妻子妙椒「見字切切可往東鳳與育欽等出汕頭落船扶她上船為要」，不但在信中交代的迎接岳母的聯繫方式，還特別提醒妻子要下到船倉扶她上船。他於乙未年（1955）四月初十日又寫信給妻子妙椒說：「汝母在於何時何日到鄉否？諒一路水陸定必平安……此次汝母匆匆回塘，萬想不到也，而汝母之手以致如斯，實是最可憐可痛也，此皆她老人家命太苦也，惟望汝母到塘換了地

氣，快快痊癒，是余所企祝也。另者，汝母之手切着叫××尋求名醫從速醫治為要，設東鳳××處汝母不可居住，汝可叫汝母到俺家中住宿亦可，汝等切宜小心奉侍為要，以代吾之職可也。」（圖 4.54）以前，過番的多數是男人，女人過番並寄僑批回家的情況相對較少。而林展開的岳母就是一位在新加坡闖盪的女人，到年老了突然生病，林展開把她送回家鄉醫治。岳母的病是手腫，疑為腫瘤，林展開心裏十分迫切期望岳母能在家鄉請到名醫迅速醫治，而且十分細心地考慮到妻弟如不接受岳母，便把她安置在自己家中，並交代妻子要代他盡職。

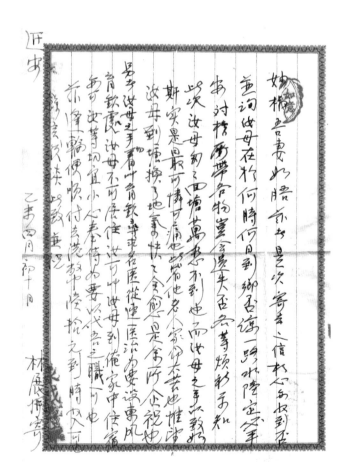

圖 4.54

　　林展開又於同年八月初三寫信給兒子道存說：「汝外祖母的病情形健，吾聞之不勝痛心下淚，日夜愁掛，可惜汝外祖母自中年至今操勞刻苦，無有安閒一日，而今抱病臥牀，不能起身，使吾想起痛念萬分，歎她命理悲苦，慘情之多，不能盡言也。」（圖 4.55）得知岳母的病情日益加重，使他食寢不安，尤其是目睹岳母在新加坡為兒女操碎了心，他更是夜不能眠。

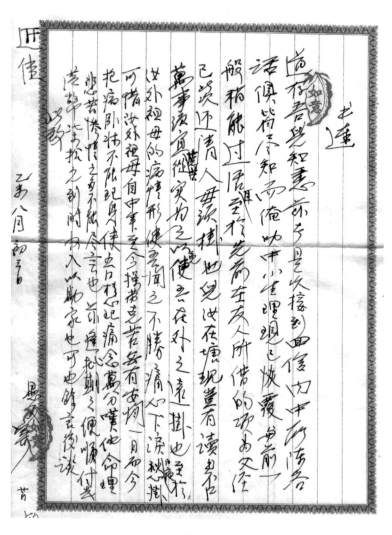

圖 4.55

一個月後，林展開於同年九月初八再次寫批信給兒子：「汝外媽的病看其情勢定不能好，如今周身夜日凍痛，磨難過日，情實可慘，為父夜日痛念她，真正為她終日掛念也。」（圖 4.56）林展開的妻子在回批時寫道：「吾母之痛非常驚人，自從毒散不可醫，放手至今三個餘月，汝前次寄之藥水一瓶抹做二次，然後在西醫買了藥水，在吩中寄來一樣，日前一樽抹作二日，藥棉、

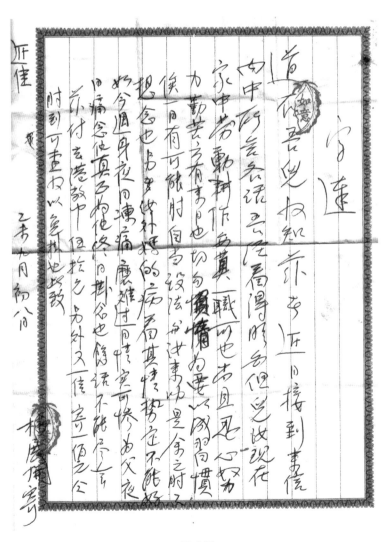

圖 4.56

藥布什物一向每月廿餘元人民券。自從吾母回塘五月，吾本人非常悽慘，吾買了廿左右樽牛乳，上午、下午、夜間點心別物皆有，吾現在東鳳五個月餘奉侍吾母，俺家中事務太多，一切捨開不能理事，是道存、佩華理家內園中工作。吾母一日見日重，非常悽慘，不能起身，二個月餘，日夜是吾本人扶起扶落，並無人代手，一夜起來數次，吾一夜不過睡二三點鐘之度，一日換藥亦是固定吾一人，××、×× 對吾母並無關心，×× 而且粗腳大手，不合吾母作工，事事不對。而且汝每月寄東鳳之銀，寄多 ×× 取多，寄少取少，並無關心吾母……他說無銀不打理，是俺個事。」（圖4.57）從來批和回批看，林展開夫妻對母親確實是盡了孝道，而 ×× 夫妻只認錢不認人，把母親榨幹了，到了母親病入膏肓時他倆卻漠不關心，確實有失孝道。

附記：

　　林展開一家的僑批是我們從一位潮州朋友手中轉讓的，連回批共有 300 多封。林展開及家人能說會道、文筆生動，因此他及他的家人（祖父林振聲、妻子陳妙椒、岳母黃素珍便成為我們這本書的主人公，本書中有多處引用他及家人的僑批、回批，由此便萌發出去他的家鄉——潮州江東鎮樟厝洲探訪的想法。

　　2009 年初秋的一天，我們由一位熟悉江東鎮的朋友陪同下來到了樟厝洲，這裏果木成林、風景怡人，在一位村中老人的指引下，我們便來到林展開的家中。

　　目前，家中只剩下林展開的媳婦一人，她告訴我們，土改時家裏被評為富農，她嫁入林家已 50 年，但與林展開的兒子林道存結婚後一年丈夫便因病去世了，林展開的妻子、妻弟也先後於二十世紀的五六十年代去世，林展開的女兒林佩華嫁給新加坡一位華僑後隨夫去新加坡，不久也病逝。林展開在新加坡一直活到 97 歲，直至前幾年才去世，但 50 多年來一直沒有回國。

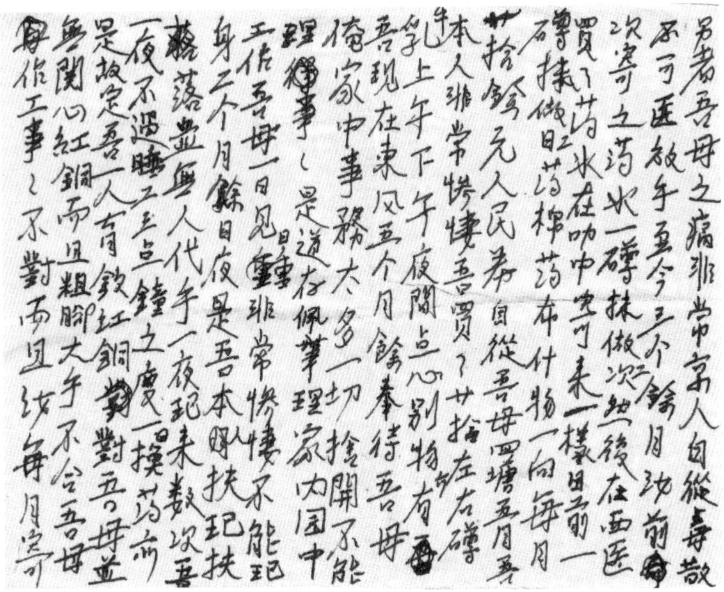

另者吾母之痛非常害人自從吾母散
不可医放手至今三个餘月訪前
次寄來之藥水一礴抹做次然後在西医
買了藥水在叻中寄來一樣目前一
石礴抹做日藥棉藥布什物一向每月
拾餘元人民幣自從吾母四塘五月吾
本人非常慘悽吾買了廿拾左右礴
乳上午下午夜間点心別物有
吾現在東风五个月餘奉待吾母
俺家中事務太多一切捨開不能
理事事是道在佩筆理家內国中
工作吾母一日見重非常慘悽不能玘
身二个月餘日夜是吾本人扶玘扶
落落無人代手一夜玘來數次吾
一夜不過睡二三点鐘之慶一換藥亦
是故是吾一人有欽紅銅對吾母並
無閑心紅銅而且粗腳大手不合吾母
做工事事不對而且結每月寄

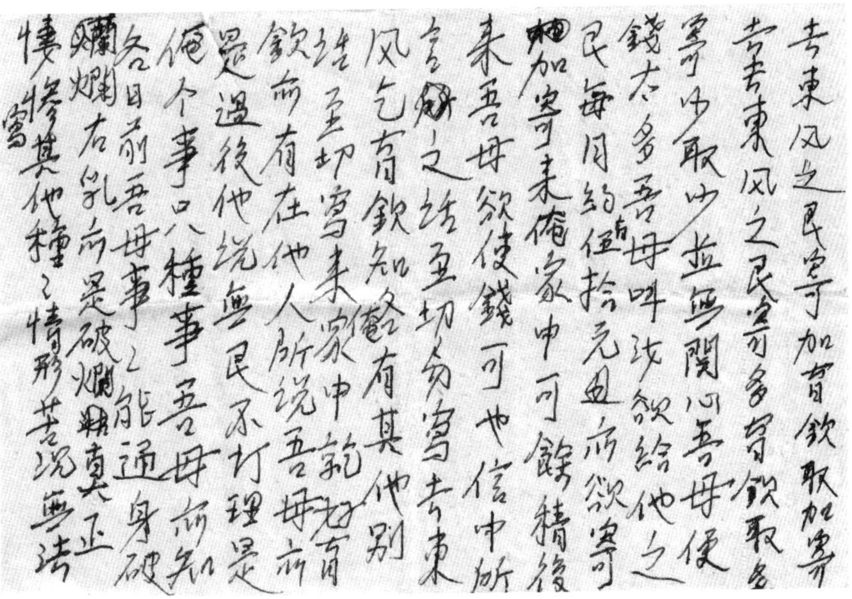

去東风之民寄加旨欽取加寄
去東风之民寄多旨欽取多
寄少取少並無関心吾母便
錢太多吾母呌佢欽給佢之
民每月給伍拾元並亦欲寄
加寄來俺家中可餘積後
來吾母欲使錢可也信中所
言之話至切勿寫去東
风乞旨欽知俺有其他別
話至切寫來家中說有
欽亦有在他人所說吾母亦
是過後他說無民不打理是
俺个事只種事吾母亦知
各日前吾母事事能通身破
爛右乳亦是破爛真正
悽慘其他種種情形若說無法
寫

圖 4.57

十八、動員華僑歸國建設

剛解放，祖國號召廣大華僑歸國參加祖國的社會主義建設。

如圖 4.58，是陳明福於庚寅年（1950）七月初五日寫給緬甸仰光的哥哥陳姿娘的回批，上面寫道：「刻唐中政府對於華僑非常關心，刻下對於戶口方面，未明海外一切，故特修草告知，見草之際，望見後信將吾嫂及弟婦

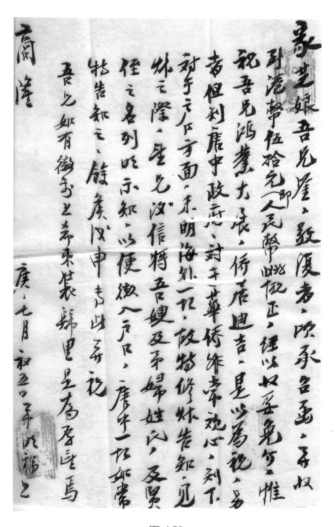

圖 4.58

姓氏、及賢姪之名列明示知，以便征入戶口⋯⋯吾兄如有微利上，希束裝歸里，是為厚望焉」，把在海外的華僑登記入冊，當他們是家中的一員，這是當時党對華僑優待的政策。

有的還讓僑眷動員在海外的親屬回來分田。河婆的一位農民於 1951 年五月三日寫給兒子蔡金的回批說：「你兄弟回來，田地政府留下有可分。」（圖 4.59）母親盼望兒子從海外歸來，可分到土地，農民以土地為立身之

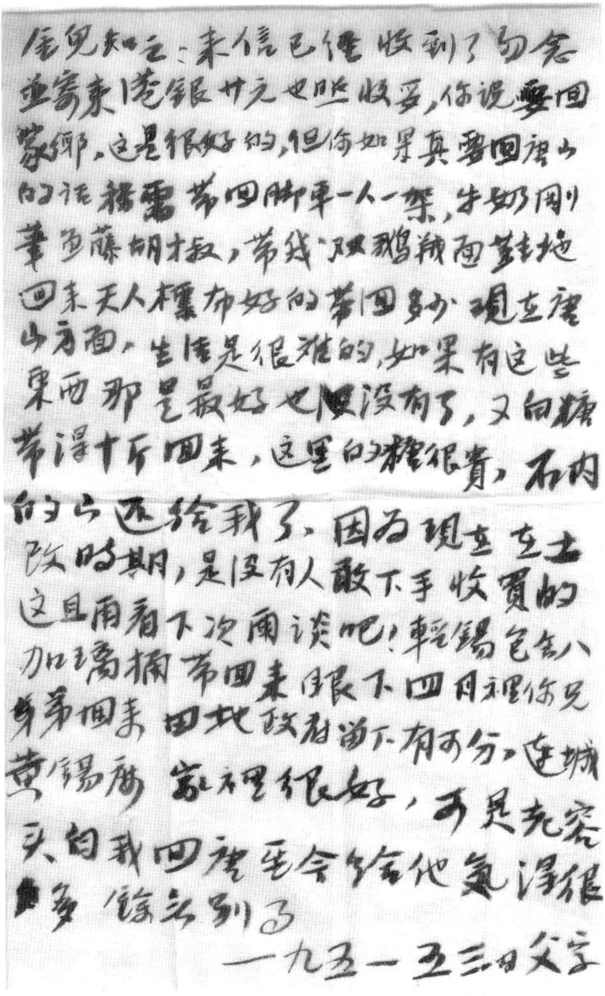

圖 4.59

本，有了土地就有了生活，有了希望。

記得我們一家當時僑居文萊，也收到家鄉寫的去信，內容是讓我們儘快回國，可分到田地和房屋。這封回批所反映的就是當時的景況。

海外華僑也了解到中國政府對華僑的態度。如圖 4.60，是泰國華僑吳子雲於 1950 年十五月十日寫給饒平高堂鄉母親的批信，裏面說道：「聞祖國今冬土改，華僑例外，凡華僑之產業，不用更改，經廣東僑務局懇請照準。未知俺鄉前後同樣否？祈回音來知。」

當時，確實是有一些僑眷被評為華僑地主的，但政府對他們與一般的地主區別對待，沒有沒收充公、把田分給別人，因為那是華僑從國外寄錢回來買的，不是剝削農民所得的。

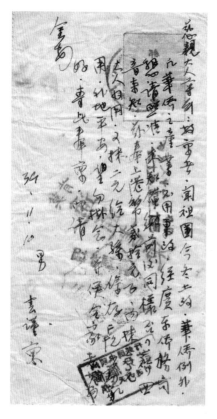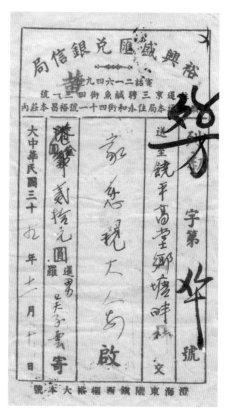

圖 4.60

共紓國難：戰亂年代的苦難控訴

　　時代變化，風起雲湧，透過塵封的批信，可以映見當年情狀，借僑批以證史，可以觀乎當年歷史面目。華僑旅居海外，得風氣之先，見多識廣，消息靈通，心懷祖國、嘉言善行，殊堪稱道。僑批是一種珍貴歷史檔案文獻，許多中外歷史事件及時代風雲變化，吾人可以片片批信中見證之。

　　二十世紀初，日本侵略者在中國的暴行，遠在千里，這的僑胞聞之同樣受到切膚之痛，濟南慘案，萬民聲討，出錢出力，華僑呼聲最切；至若抗戰禦侮，華僑貢獻巨大。在不少僑批中，僑胞向家鄉親人表達自己的感慨，同時描述身邊華僑同胞如何同仇敵愾，用實際行動聲援祖國的抗日行動。從批信中可以看出，僑胞對國事的關心、一致抗日的壯舉，在特殊時期更甚於家事，僑胞們期盼祖國安定和平的熱切之情更是溢於紙章之上。

一、軍閥混戰，憂心父老

　　1915 年 12 月 12 日袁世凱稱帝復辟，護國將軍蔡鍔首舉義旗，維護了新生的民國。可是，接下來的是全國的軍閥混戰，貴州、廣西、浙江、四川、湖南、廣東等省紛紛宣佈獨立。他們各自為政，全國亂成一鍋粥，地方惡勢力也擁兵自重，趁機渾水摸魚，天下早就是「軍閥重開戰，灑向人間都是怨」了。

　　如圖 3.01，泰國華僑薛芳蘭於 1916 年寫給澄海程洋崗鄉母親的一封僑批，他聽到家鄉「近來荊棘遍野，擄人徒待贖金之慘禍復實行矣。據鄉人

圖 3.01

云，人心經已風聲鶴唳矣，遭此逆境，實難忍受。」可見，我們被稱為「省尾國角」的潮汕，在全國軍閥大混戰中沒有倖免，兵匪橫行，生民塗炭，所以寫批信之人憂心忡忡，「願諸父老兄弟勿遠出為佳」，表達了華僑對軍閥混戰下的家鄉親人的關切之情。

　　批信中同時說到「題派如此之重」，指的就是軍閥加重了苛捐雜稅，對人民重重盤剝，大撈一把，所以薛芳蘭擔心：「各佃能收成否？後湖之田寶久兄還俺幾何？」收成未卜，欠款難收，而捐稅、題派又多，生活就十分艱難了，遠在海外的遊子，除了歎息以外，也只好要求家裏「惟有從儉維持而已」，勉強度日。

　　泰國華僑黃錦六也在戊年（1918）八月廿日的批信中提到當時的混亂現象：「目下世景紛亂，盜匪如毛，四方搶奪，刮掠人民，實難堪其苦也，餘無別法。」（圖 3.02）寥寥數語，把當時的軍閥混戰的情景描繪得活靈活現。

　　這兩封批信是當年軍閥混戰時期潮汕地區人民悲慘生活的真實寫照。

僑批雖然是家書，但書寫的內容並不僅僅是家長里短，很多海外華僑心懷祖國、心懷家鄉，加上他們在海外見多識廣，更加關注國內外形勢，當獲悉家鄉的一些重大事件之後，往往會在家書中加以描述迸發表自己的看法，尤其是自己對事件的擔憂等，講述國內外對事件的反響等等。因此，從僑批中我們也能獲取到不少中外歷史事件及風雲變幻的實證，成為珍貴的歷史文獻。

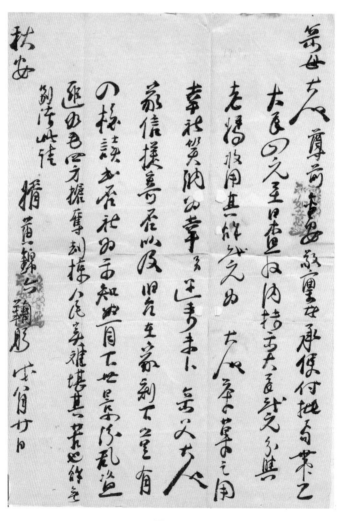

圖 3.02

二、關心時政，聲討日寇

　　1928 年 6 月 3 日山東濟南發生了一件震驚中外的事件，這就是歷史上稱之為「濟南慘案」。吉隆坡華僑戰筆於 1928 年 6 月 7 日在寫給汕頭松口梅嵩姪子巫松傑的批信（圖 3.03）中是這樣描寫濟南慘案的：「日本出兵山東，慘殺我濟南軍民。無辜受辱，噩耗傳來，莫不髮指俱裂，以為日本橫蠻極點，並且無理要求我政府之五條件，種種皆亡國之毒計，我國斷難承認。此次日本出兵，違背國際公例，施無人道之手段，阻我北伐進展，以助萬惡軍閥，萬國皆認為仇人。」

　　批信中涉及的令人髮指眦裂的歷史事實是，1928 年 6 月 3 日，日軍無故挑起事端，在濟南屠殺中國軍民。是月 1 日，蔣介石的第一集團軍佔領濟南，日軍調集齋騰旅團、第一師團主力進入濟南，兩軍對峙。3 日上午，日兵阻攔國民軍患病士兵送往醫院，並打死我方士兵和役伕各一名，卻又賊喊捉賊，以此為藉口，沿街屠殺中國軍民，突襲第四十軍三師七團。蔣介石嚴令不准抵抗，全團 1000 餘人被繳械。晚上 11 時，日本不顧外交慣例，衝入濟南交涉處，將戰地政務委員會外交處主任兼山東交涉員蔡公時等 19 人捆綁毒打。蔡公時表明身份並表示抗議，日軍竟割去他的耳鼻，挖

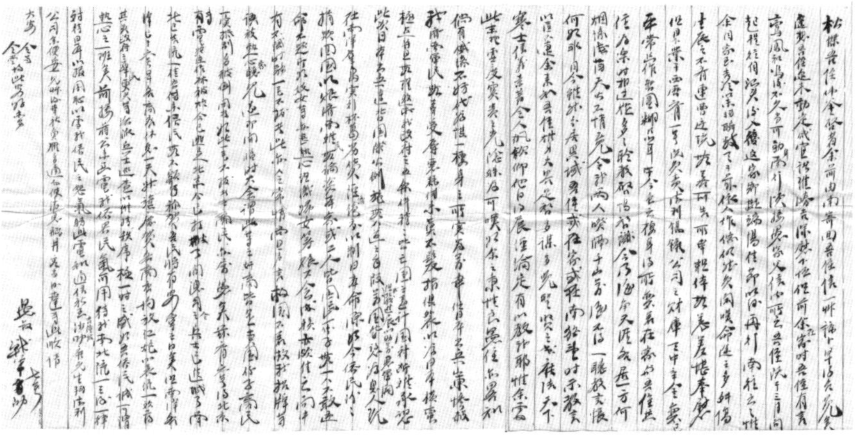

圖 3.03

割他的舌頭和眼睛，然後將他槍殺，其餘人員除 2 人外，全被慘殺。4 日凌晨，國民政府派熊式輝前往交涉，日軍條件苛刻。英美駐濟南領事出面調停，均無效。8 日，日軍炮轟濟南，9 日，日軍猛攻濟南城門，11 日，中國軍隊被迫撤出濟南。在整個慘案中，中國軍民死亡 3254 人，受傷 1450 餘人。此前，日本已多次製造屠殺中國人民的慘案，但以這一次為最瘋狂、最慘無人道，難怪批信中把它形容為令人髮指，肝膽俱裂！

批信中提到的「北伐」，是國共合作破裂以後，於 1928 年 4 月由南京國民黨政府自徐州一線開始的第二次北伐。日本為了維護其在中國北方的利益，阻止英美支持的國民黨力量向北擴展，因而一再出兵山東。信中提及的「要求我政府之五條件」是 1928 年 5 月 7 日由日本派遣日軍第六師團師團長福田向蔣介石提出的最後通牒所列出的 5 項無理要求。

日本出兵山東，南洋羣島的華僑，他們絕大部分是廣東、福建人，事發地點離家鄉雖遙遠，可他們感受到切膚之痛。愛國是沒有地域之別的，只要是中國的土地，這些遠離中國的僑胞，一樣感同身受，他們把希望寄託在北伐戰爭的勝利上，鏟除軍閥，統一祖國，驅除日寇。

批信繼續寫道：「現在南洋羣島實行杯葛劣貨，經濟絕交，以制日本命源。如今僑民紛紛捐款回國，以賑濟南難民。無論資本家或工人，皆國民一分子，無一人敢逆命不題。」南洋華僑的「經濟絕交，以制日本命源」的做法，是前一年 6 月 26 日上海成立的「對日經濟絕交大同盟」在海外的延續，是華人一致抗日的壯舉。背井離鄉的僑胞們，雖身在海外，卻根系祖國，情在家鄉，時刻關心着祖國家鄉的安危和親人的境況。聽聞日寇侵犯我中華，家園遭受鐵騎的踐踏，僑胞們無不痛心疾首，「國家有難、匹夫有責」，侵略者的惡行更加激發起僑胞們的愛國熱枕和強烈的社會責任心，他們想方設法通過各種途徑和形式，以空前的愛國熱忱和實際行動，從精神上和物質上支援祖國的抗日救亡運動。

杜牧名句曰：「商女不知亡國恨，隔江猶唱後庭花。」這位「揚州夢」醒的風流才子，不去指責昏君奸臣誤國，卻譏笑「商女」含淚唱歌，實在有失公允。在這封批信裏，我們赫然看到這樣的事實：「即如妓女等亦甚熱

心，組織婦女籌賑大會，成績亦頗佳。」可見，不知亡國恨的不是商女，她們把賣笑得到的錢賑濟濟南難民，這些錢並不骯髒，它一樣能給濟南的難民一些實在的幫助。由此看來，小杜之詩，識見陋矣。

批信中還描寫了一些另類：「之間有不識時務、一毛不拔者，此亦人之常情，尚且聲言救國不若救我招牌等語，被熱心家聽見，遂即開臨時大會，謂此等之奸商，是賣國分子，商民一致抵制，多被倒閉者。如此一毛不拔者之商民，亦屬愚矣！」愛國是大勢所趨，批信謂「一毛不拔之商民，亦屬愚矣」，他們才是「不知亡國恨」，這看法要比小杜高得多了。

批信還描述了一個重大歷史事件：「茲六月六號得北京專電，張逆作霖被炸，今已逃走。北京今已打破了，閻總司令之兵士已進城了，南北已告統一。佳音傳來，僑民無不額手稱賀，吾民將有安寧之日矣！南洋各埠已於六號早各商店休息一天，升旗慶賀。各商店均放紅炮以表統一歡喜。其英政府之華民更頭等各派兵士巡查，以維持秩序，極一時之盛。如吾僑民，誠可謂熱心之一斑矣！」這裏說到的「南北統一」，實際上還沒有實現，只是張作霖的安國軍退出關外而已，還不是真正意義上的統一。一直到當年 10 月 8 日，國民黨中常委任命了國府主要組成人員，以蔣介石為首、包括已經「易幟」的張學良在內的國府委員，並由蔣介石擔任國民政府主席，此時的國民政府不同以往，才是全國性的政權。這時蔣介石第一次擔任國家元首，政治地位已經到了登峰造極的地步。但是，蔣介石的日子一天都沒有好過，日本虎視眈眈，軍閥派系紛爭，井岡山的星星之火已經在前一年點燃，這時已經如火如荼，大有燎原之勢了。

批信中稱張作霖為「張逆作霖」，因為當時張作霖是「安國軍」的總頭目，他於 1926 年宣佈東三省脫離北京政府，卻又於當年 11 月 27 日作為安國軍總司令進入北京，與國民軍對抗，造成南北分裂的局勢而為僑胞所痛恨。不過，張作霖守住了作為一個中國人的最後底線，不與日本人合作，不當賣國賊，被日本人認為不是「蒙滿積極政策」的好夥伴，因而有了「六月六號得北京專電，張逆作霖被炸，今已逃走」的事件。

其實，張作霖於 6 月 4 日在專列抵達皇姑屯南滿鐵路橋時被日本人安

置的 250 磅烈性炸藥所炸，受了重傷，抬回元帥府，留下「小六子（張學良乳名）以國家為重，好好地幹吧」的遺言，幾小時後死去。但是大元帥府直到 6 月 21 日張學良接任奉天督辦後，才公佈張作霖的死訊，所以批信中有「今已逃走」的說法。

批信中說的閻司令指閻錫山。閻老西當時是國民革命軍第三集團軍總司令，下轄 10 個軍（第一集團軍由蔣介石兼任，轄 18 個軍；第二集團軍總司令馮玉祥，轄 25 個軍）。

批信還特別提到：「前接蔣公來函電，我僑民界氣可用，待我南北統一之後，一律對待日本，以報國恥，以雪我僑民怒氣，特此電知。」蔣介石於 1926 年為國民軍總司令，1928 年集黨政軍大權於一身，當時驅逐安國軍、佔領濟南的是蔣介石兼任司令的第一集團軍。這份函電是蔣介石在當時給極力支持北伐的南洋羣島僑民抗日的一個許諾。

這個時期，日本亡我之心已暴露無遺，蔣介石的不抵抗政策也付諸實施，隨之而來的「九一八」事變和國土的淪喪，便是歷史發展的必然。濟南事件當年震驚中外，是中國歷史上一件重大的突發事件。拉開了日寇侵華的戰爭的序幕。寫批人不是歷史學家，批信不一定能記錄最準確的史實，但卻真切地反映了華僑同胞愛國愛鄉的赤子情懷。

三、同仇敵愾，募捐抗日

盧溝橋事變後，中國抗日戰爭全面爆發，激起海外華僑的義憤和愛國熱情。這年 8 月，新加坡潮州八邑會館參與中華總商會成立的馬來亞新加坡華僑籌賑祖國傷兵難民大會委員會，以後又參與「南洋華僑籌賑祖國難民總會」，僅從 1937 年至 1939 年，潮州八邑會館就籌募捐款 360 多萬元、購買救國公債 65 萬元、義演籌款 4.3 萬元，有的僑批局在僑批上蓋上「請購救國公債」的宣傳戳（圖 3.04）廣泛宣傳，充分反映了華僑根系祖國、情在家鄉的一片赤子之心，以空前的愛國熱情和實際行動，支援祖國的抗日救亡運動。

　　圖 3.05，這封僑批是新加坡陳集勛先生於丁年（1937）九月十四日給母親寫的，反映和證實了新加坡潮人在抗日戰爭中愛國愛鄉的義舉。信中寫道：「自中日戰爭之事發生後，叻地僑胞非常熱心捐銀及捐舊衣外，另再抵制日貨。念葛塘山亦然否？又以叻地時常打死日本人，種種奇事，日日有之。」

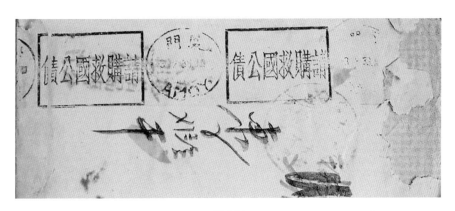

圖 3.04

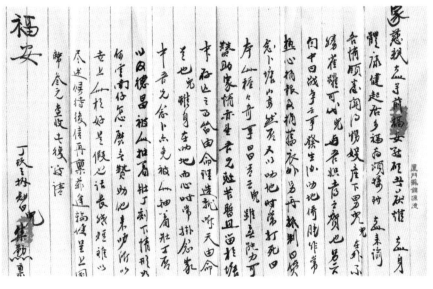

圖 3.05

　　批信中「叻地時常打死日本人，種種奇事，日日有之」的信息，透露了一個重要的史實：在日本人侵佔新加坡（1941年底太平洋戰爭爆發）之前，為了準備和配合未來的軍事行動，日本特務的各種陰謀活動十分猖獗，這些特務分子被羣眾抓獲打死，自然是罪有應得；也許還有些日僑趾高氣揚，口出狂言，引起新加坡人的公憤，而被嚴厲的懲治，也是時勢使然。有人説，二十世紀是民族侵略和壓迫的世紀，也是民族主義勝利的世紀，從這件僑批也可以得到確切的佐證。

　　圖3.06，是1934年由菲律賓馬尼拉寄到廈門的僑批，封背上蓋有「抵制日貨、堅持到底」的印章（圖3）雖然不是十分清晰，但仍依稀可見。日寇侵華期間，為激發海內外華僑堅決抗戰到底的決心和信心，很多僑批通過戳印來宣傳抗日，為發動更多的人購買救國公債，有的僑批局在僑批上蓋上了「請購救國公債」的宣傳戳印，為號召同胞們抵制日貨，從日常行

圖 3.06

動上一致抗日，不少僑批印有抗日歌的戳印：「奉勸諸君要記得，東洋貨色買不得，如果買了東洋貨，便是洋奴賣國賊。」此外，很多僑批上還可見到「實用國貨、誓雪國仇」「同胞快醒、實用國貨」等各種印戳，表達了廣大民眾一致抗日的決心。

　　圖 3.07，是新加坡華僑鄭若燦於民國廿九年（1940）十月廿六日寄給潮安縣禮陽鄉祖母的僑批，寄的批款為國幣 50 元，封背上蓋有「批捐」兩字，這是當時僑民為了救濟抗日戰爭時期陷於水深火熱之中的人民，每元僑匯抽出百分之二、即 2 分錢，用於濟困，並在封背上蓋上「批捐」的印章，以示該僑批已交了捐款，雖然只有區區的 2 分錢，卻顯示出海內外華人一致抗日、堅決抗戰到底的決心和信心。

（圖 3.06、圖 3.07 由林金峰先生收藏）

圖 3.07

四、批信受檢，忍氣吞聲

　　吳鏡明於己年（1939）八月廿五年寫給妻子林氏的批信中云：「現刻歐戰又起，四處紛紛，百貨起價甚昂，來往船隻極少。近聞塘中百物俱貴，而各處尚未平靜，愚之意欲多寫數言，恐刻下信件有被檢查可能而欲言不能。」（圖 3.08）他在辛年（1941）三月廿日寫給妻子的另一封僑批中的尾處補上一句：「批信受檢，不能盡陳，至時照收可也。」（圖 3.09）由於批信受到嚴密控制，使華僑滿肚子的苦情無法一吐為快，只能欲言猶止，忍氣吞聲。

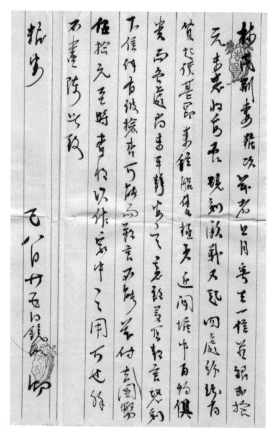

圖 3.08

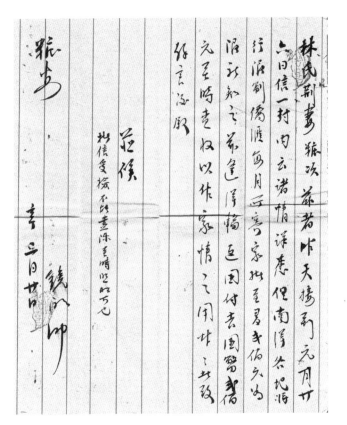

圖 3.09

　　1937 年中日戰爭已打響，接着希特勒又在歐洲燃起西戰場的大火，第二次世界大戰拉開序幕。當時淪陷區在日本侵略軍的統治下，實施高壓政策，許多僑批局明哲保身，在僑批上印上「注意，往返信件請勿涉及軍事政治致干禁令。」（見圖 3.10）等字樣，與吳鏡明這封批所提及的「信件有被檢查可能」有異曲同工之妙。

　　有的批信局乾脆把僑批印製成明信片，如圖 3.11，是泰國泰記信局自製的明信片，由泰國華僑陳烏番寄至海邑南桂都下湖慈親，以免日本當局檢查的麻煩。如圖 3.12，是馬來亞雪蘭莪吉磷坡林得巖寄給昭南島（日軍侵佔新加坡後把它改名為昭南島）林思曾的信，封面貼日本郵票，封背蓋上日本「檢閱濟」的印戳，公開表明該信是受過檢閱的。信中問起「前所

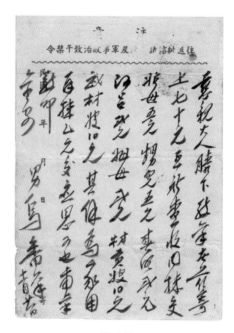

圖 3.10

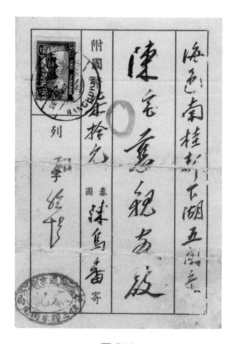

圖 3.11

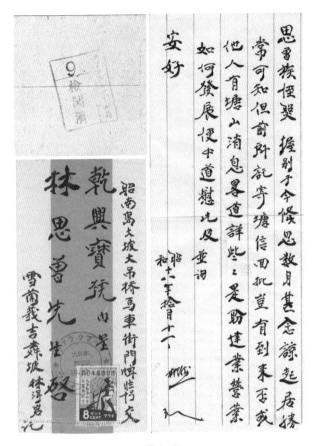

圖 3.12

託寄塘信，回批豈有到來否？或他人有塘山消息，略道詳細是盼」，時間也改為日本的年號昭和十八年（1943）日本軍國主義真是霸道，不僅把國名改了，連年號也改掉了，真令人義憤填膺。該信十分迫切想了解家鄉的信息，日本與中國交戰已經 5 年，家鄉親人的死活是海外親人最關注的，但從該信看來，通往中國的批信已中斷，家人是死是活只能聽天由命了。

更令人氣憤的是貼在封上的那枚郵票，是慶祝「馬來郵便貯金百萬弗紀念」郵票，日本對中國和東南亞不僅是軍事上的侵略，還從經濟上進行大肆掠奪與搜括，並且還恬不知恥地公開宣傳「戰績」；馬來郵局儲金百萬元，以示慶祝。

此外，日偽政權時期，從海外寄到潮汕各地的批信，要帶出汕頭市需蓋上「僑委會駐汕處准許分發僑批」的印戳。這些都是日本侵略者強姦民意的鐵證。

（圖 3.12 由林金峰先生收藏）

五、日佔時期，軍票之禍

1941 年 12 月 8 日，日軍偷襲美國在太平洋的海軍基地珍珠港得手，並相繼佔領香港和東南亞各國。這期間，東南亞各地的僑匯曾中斷，後雖有些恢復，但僑匯的流通渠道發生了重大的變化，僑匯的數量也大為減少。

自 1939 年 6 月汕頭市淪陷之後，日本侵略者與汪偽勢力勾結，在潮汕淪陷區拼湊政治統治體系，於 1940 年春建立偽汕頭市僑批業公會。1942 年開始，偽當局規定，南洋僑批只能在淪陷區投批。為數很少的東南亞僑批，只能通過日系銀行才能匯至潮汕淪陷區，中間頗多周折，加上諸多折扣、手續費，因此當時通過這種形式寄批的數量就很少，現在存世的已經非常罕見。

筆者有幸收藏有 1943 年黃素珍給兒子陳育欽的一封寄軍票的僑批受領證及回批，均列僑字 88 號，剛好是一對（見圖 3.13 和圖 3.14）寄出地是新加坡華僑銀行，接收者是汕頭的台灣銀行。

從這裏我們看到，新加坡淪陷後已被日本侵略者改名為「昭南市」，用的也是日本年號「昭和」。每人每次限匯 100 元。這時匯率是新加坡幣或日本軍票一元值國內淪陷區儲備券 5.55 元，又增加了一層的剝削。

在日本人的殘酷統治下，人們自然不敢直言，但是，我們在簡短的附言中，還是看到「家資尚虧、物產又無、情屬兩難」等字眼，以拉家常的方式，控訴着日本侵略者的罪行。

圖 3.15 為日本軍用手票，面值 100 元。

圖 3.13

圖 3.14

圖 3.15

　　日本一投降，軍票便成為廢紙。圖 3.16，是林展開於民國卅四年（1945）九月初二日給妻子妙椒的來批說：「從前所存日本軍紙幣現已完全無用，成為廢物，甚為痛念。」

　　新加坡華僑劉春盛也於民國卅五年（1946 年）五月初十在寫給母親的批信中說道：「但因戰事和平，政府取消軍票，致連年積蓄化為一炬。」（圖 3.17）

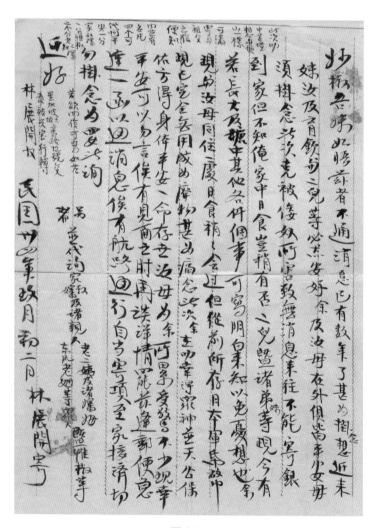

圖 3.16

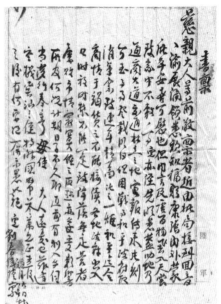

圖 3.17

　　上述批信可以證實，「二戰」結束後，日本軍用手票真的成了廢紙，海外華僑由此遭受到慘重的損失，這也是日本侵略者的罪行之一，不僅揭露了日本帝國主義用軍事侵略中國的狼子野心，更是從經濟上進一步迫害、壓榨中國人民的滔天罪行。

六、十四年抗戰，忠實記錄
——吳鏡明的一組僑批摘錄

　　作者有幸收集到馬來亞華僑吳鏡明在抗日戰爭時期給林氏妻的一組僑批，他經歷了這個非常時期，以一個海外華僑的角度，忠實的記錄了這個時期的方方面面，為歷史留下了寶貴的原創性資料。

　　乙年（1935）八月二日批信云：「中日不宣而戰，而日本則行封鎖我沿

海，違犯國際盟約。我國輪船則不能往來，別國之輪船則帆行無阻。無須自驚，但此次我敵戰爭全賴上下一心一德，軍民合作，長期抗戰，最後勝利，必屬我國。汝等婦孺，凡事須鎮定，勿聽謠言為要。茲付去國幣貳拾元。」（圖 3.18）

　　這只是抗日戰爭的序幕。日本不宣而戰、封鎖我沿海，吳鏡明對這種違犯國際法則的卑鄙行徑表示極大的憤慨。然而，他完全相信「全賴上下一心一德，軍民合作，長期抗戰，最後勝利，必屬我國」，這是何等堅定的

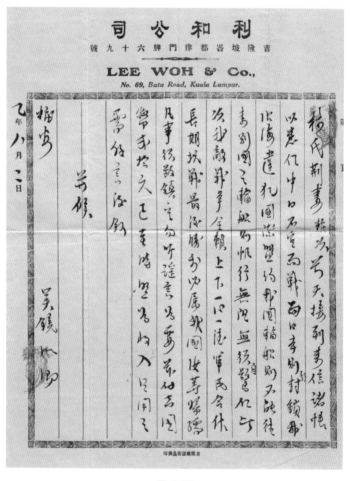

圖 3.18

信念，而「持久抗戰」的思想，又是那麼明確。毛澤東的《論持久戰》是在 1938 年 5 月發表的，可見這持久戰的偉大戰略不僅是毛澤東的天才構想，而且也是綜合了廣大人民的共識。

丁丑年（1937）四月廿八日批信云：「家中諸務，全賴卿獨力維持。但天元切宜令他入學，無使他外頭放閑為要。內云五月初九日為吾先嚴三周年忌辰，諸事照常料理，以表兒孫孝敬先人之思。茲逢批局付去法幣三拾元。」（圖 3.19）

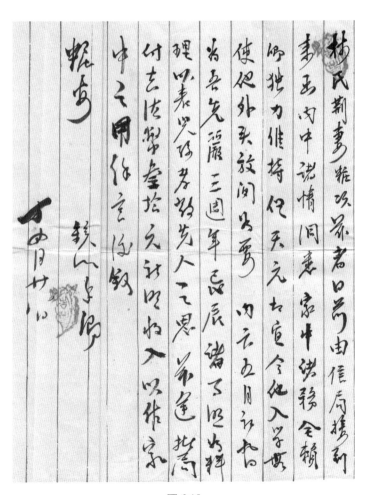

圖 3.19

　　按推算，這一天是陽曆是 6 月 6 日，離七七事變很近了。其實，抗戰的爆發應該在 1931 年的「九一八」，1932 年「一二八」上海抗戰則更是真刀真槍的戰鬥。在國外接受風氣之先的華僑，消息靈通，對國內戰火迫在眉睫的形勢十分了解。吳鏡明因戰事影響，無法回來祭拜先父，因此他認為實在是人子之大憾！

　　丁丑年（1937）六月初九批信云：「現刻中日備戰形甚緊迫，俺潮汕未知有何防衛否？但爾等無須驚慌。」（圖 3.20）中日戰爭的殘酷性，也許是吳鏡明意想不到的，他仍不斷地給家人吃定心丸。

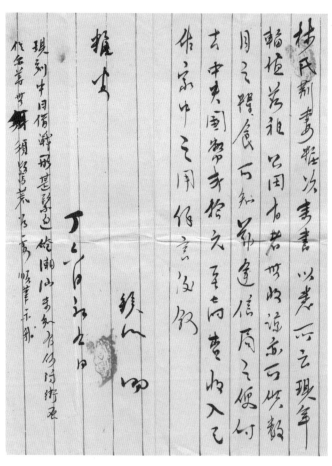

圖 3.20

　　八月廿二日批信云：「昨天由信局交來回批一紙，諸情洞悉。內云俺所當與克藩之田，他每次囑俺贖回一事，況此田乃先人遺產，每憶在心，候能力所及，自當贖回，無須掛於齒煩也。又云八月初九日乃吾先母周年紀念之日，諸事塘中照行可也。現刻戰爭，汝等須宜鎮靜，無得驚慌為要。茲逢洋輪付去國幣貳拾元。」（圖 3.21）父親的 3 周年祭拜無法前來，連母親逝世一周年的祭祀也不得不放棄，這在他來說，是心中十分不安的大事。

　　這封是盧溝橋事變以後的批信，全面抗戰已經開始。國事如此，家事也艱難，典賣出去的田還無法贖回。

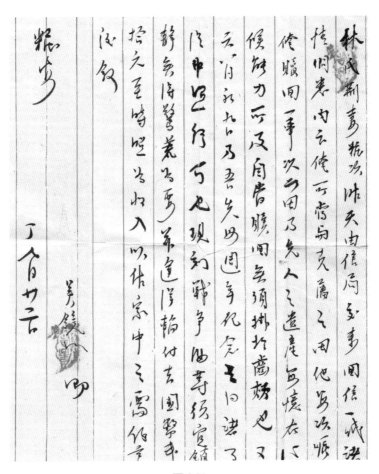

圖 3.21

丁年（1937）十一月二日批信云：「南洋捐賑災，買公債為救國，人皆購買，每月平均約三、四元。自倭寇侵犯我國，潮汕防務亦為重要。聞怪飛機每在空中往來，也無經驗，當宜避之，無得翹首仰望，祈知之。茲逢洋輪之便，付去中央紙幣三拾元。」（圖 3.22）

我潮南洋華僑，組織捐款，購買救國公債，這在僑批中反映甚多，本書中其他章節也有介紹。為了救國，海外赤子「人皆購買」，那是何等感人

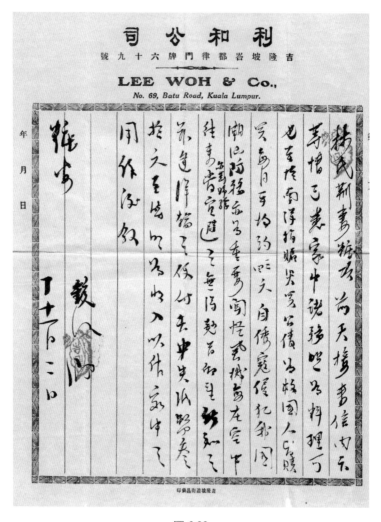

圖 3.22

的場景！抗戰的最終勝利，有海外華僑一份巨大的貢獻。日本侵略軍進犯
汕頭之前，已經多次派飛機前來偵察，該批信記錄下日本這一罪行。

　　吳鏡明於戊寅年（1938）二月十日寫給妻子林氏說道：「自中日戰事以
來，戰區人民實堪痛苦，如家務有親戚可付託之人，即攜二兒南來，苟如
船費不敷，可先向爾母處籌借，是否之處，回音來知。」（如圖 3.23）中日
戰爭剛打響，吳鏡明想把妻兒接到南洋，避過一劫，誰料到戰火不久也燃
燒到了東南亞，哪裏都不平安。

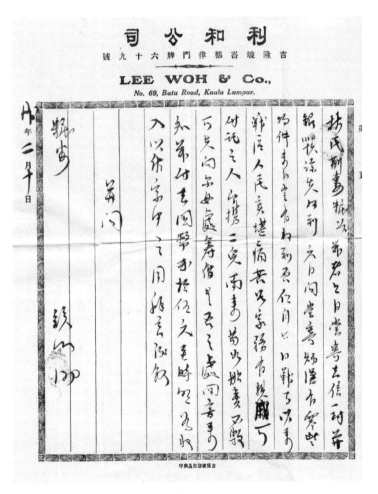

圖 3.23

　　這年九月初四日批信云：「近閱日報，電訊云香港汕頭交通現已斷絕，聞敵軍有進犯潮汕，苟一旦戰事發生，爾等安危未知如何耳。茲付郵機之便，付去國幣肆拾元。」（圖 3.24）根據歷史記載，1938 年 6 月 21 日，日軍佔領南澳島。潮汕駐軍和抗日民眾組織「義勇軍」，於 7 月 16 日收復南澳。7 月底日軍重新佔領南澳。批信所說「香港汕頭交通現已斷絕，聞敵軍有進犯潮汕」，正是這個時期。

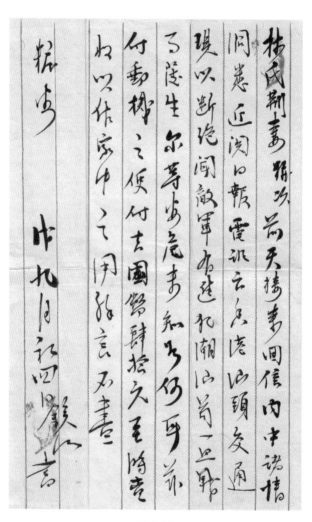

圖 3.24

　　己卯年（1939）二月初二日批信云：「幸喜俺潮汕平靜，聞去年各植物收穫甚豐，而米價甚昂，汕頭生意甚好者，自日寇攻陷福建廈門、廣州，而各處口岸被敵佔奪，所以出入口貨物，多改由汕頭轉運，故此汕頭生意頗好。但日機每飛至潮汕，轟炸各處建築物、交通等。際茲春水綿長，須防意外水患為是。但現刻世界戰雲密佈，歐戰迫在眉睫。苟如歐戰一起，南洋一地，甚難來往，船隻恐發生問題耳。茲逢洋輪返國，付去國幣伍拾元。」（圖 3.25）

　　華僑把「歐戰。」（即第二次世界大戰）的信息傳到家鄉。西方認為第二次世界大戰由 1939 年 9 月德國入侵波蘭開始，1945 年 9 月 2 日戰爭結束。半年多前，華僑就看出「歐戰迫在眉睫」，可見華僑在海外，信息十分靈通。廣州於 1938 年 10 月 21 日淪陷，而日軍佔領汕頭是在 1939 年 6 月 21 日，前後相差 8 個月的時間。批信所反映當時汕頭作為還沒有陷落的港口，曾經有過一度的「繁榮」。

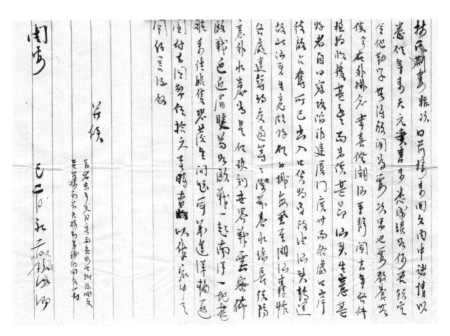

圖 3.25

　　這一年（1939）花月（二月）廿三日批信云：「自四月間寄去一批之後，至今已兩三月矣。因信息不通所致。每有消息傳到，人言莫衷一是，使余遠掛也。近有親朋由塘來信云『鄉中安靜，家中平安』，甚慰下懷。刻下信局經有行批，未卜屬實。茲付去國幣壹拾元。」（圖 3.26）

　　戰爭中，信息不通，偶有傳言，卻又「莫衷一是」，這也是戰爭的「災難」之一。

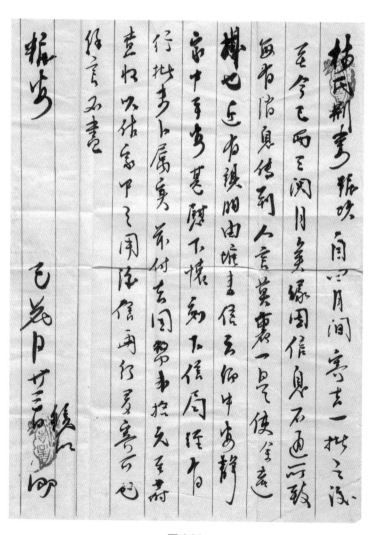

圖 3.26

　　三月初二日批信云：「前接來回信，諸情已悉，近來俺潮汕備戰頗形緊張。政府下令疏散潮汕人民至安全地帶。未悉鄉中定有聞否？不幸一旦戰事一起，將來爾等命運未知如何耳！茲付去國幣伍拾元。」（圖 3.27）

　　當時政府也有「疏散」城市居民的政策，只是效果甚微。華僑最擔心的是戰爭中家屬的命運，烽煙四起，無處可逃！

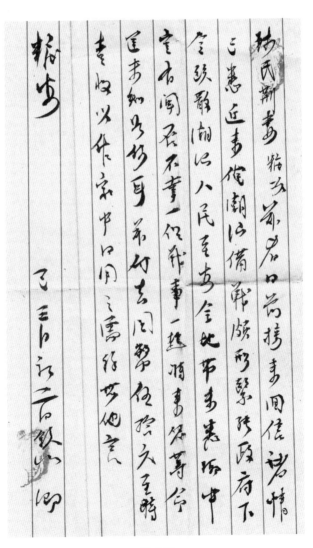

圖 3.27

庚年（1940）六月初二日批云：「塘中現刻百物昂貴等情，實自開天地未所聞也！在此非常時期，家家皆然。有者日欲一飽，尚且不得。語云『生做太平狗，勿生為亂世民』，此之謂也！愚雖在外每每念及爾等於塘中景況，每有所聞，故頗知詳細。現刻早冬收成未悉如何否？祈回音來知。另者，光漢刻下賦閑，是日亦有寄批回家……茲付去國幣壹佰元。」（圖 3.28）

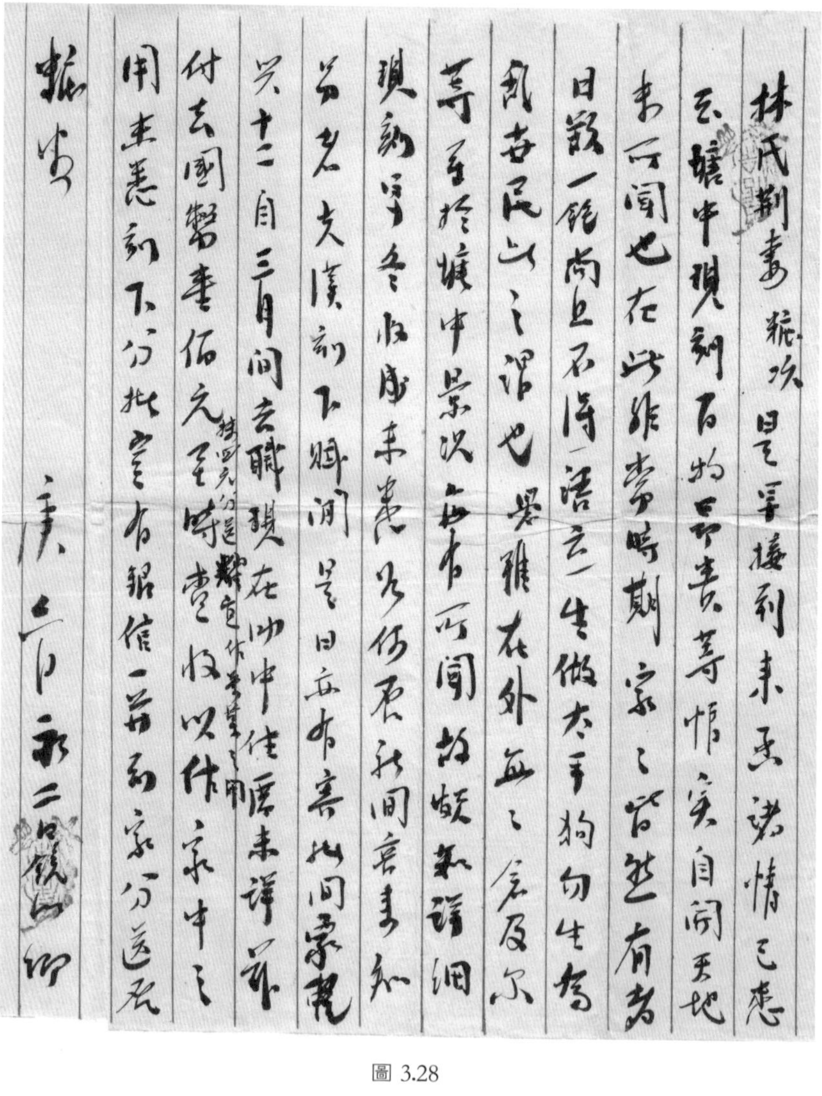

圖 3.28

「寧做太平狗，不做亂世民。」這是戰亂中人民最無奈的悲歎！這時，太平洋戰爭雖然還沒有打響，可是，受戰爭影響，吳鏡明的鄉親已經失業在家「賦閑」了！

辛巳年 (1941) 閏六月廿日批信云：「刻下世界戰雲甚為緊張，將來未稔如何耳？此次南洋政府一度統制外匯，幸現刻經已放行，因此批信如常往來，日後則不知如何耳？茲逢洋輪之便，付去國幣壹佰伍拾元。」(圖 3.29)

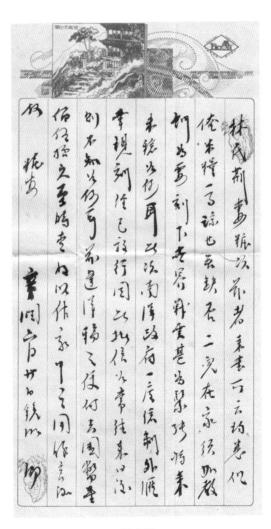

圖 3.29

這封信寄於太平洋戰爭前夕，以後家書便中斷。

　　1942年──1944年，3年間不是不寫，是無法投遞，這期間，東南亞和潮汕部分地區均淪陷於日本的鐵蹄之下，交通中斷，音訊隔絕。杜甫的「烽火連三月」，已經不足以形容抗戰的長期和殘酷。「親朋無一字」，則正是華僑與僑眷之間無法通信的真實寫照。

　　乙酉年（1945）十一月廿五日批信云：「但自英軍進入馬來亞於今三月餘，對於通匯一事，遙遙無期，未知何時才能通匯耳。上月嘗寄去銀信，現尚擱於信局處，刻仍未放行。順便通知。茲因年關在即，有人暗盤收寄。即寄上國幣壹萬元。」（圖3.30）「暗盤收寄」，就是所謂「暗批」。

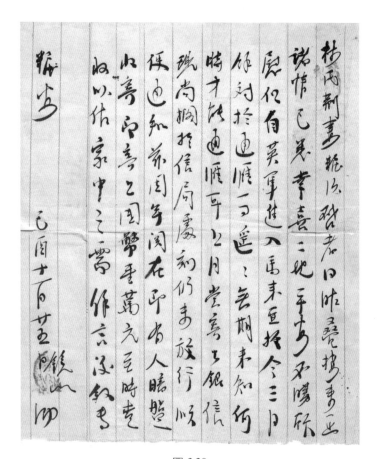

圖 3.30

　　中國抗日戰爭，終於以日本無條件投降結束。可是，在日寇侵華期間，中國可以估計的死亡人數是 3500 萬人！而批信上的批款已經升到一萬元了，這是經濟崩潰的一個重要信息！

　　乙酉年（1945）十二月初二日批信云：「迭接來函，一信在十月中旬，（一信在）十一月廿一日收到。諸情已悉。幸喜兩地平安。家中諸事，賴卿維持，免余遠念。但自英軍克復南洋於茲數月，對於華匯一事，現尚遙遙無期。十月嘗寄去銀信，現尚擱於批局處。市上刻雖有暗盤收寄者，因年關在即，經於十一月廿五日嘗寄去銀信一封，未知年底豈能收到否？」（圖 3.31）

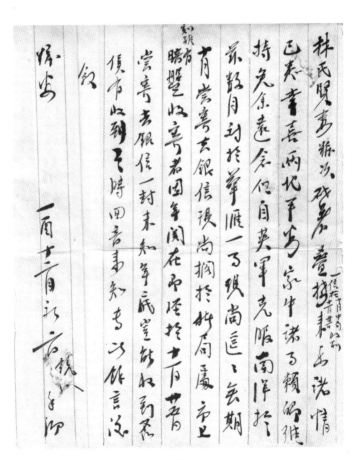

圖 3.31

杜甫的戰亂詩被稱為「詩史」，在當時寫得好，用到抗戰時期，也恰到好處：「妻孥怪我在，驚定還拭淚。」用僑批中常見的話說「全靠天公諸神保佑」，吳鏡明一家，歷經 8 年抗戰，竟然兩地平安！僑批又接上去了。可是，有不少僑批，只見戰前，不見戰後，其命運如何？令人黯然。

丙年（1946）三月廿日批信云：「所詢以烈君店中生意一事，自英軍光復後，即照舊營業。愚亦如常任斯店之職，祈免念耳……茲逢信局之便，付去國幣三萬元。」（圖 3.32）

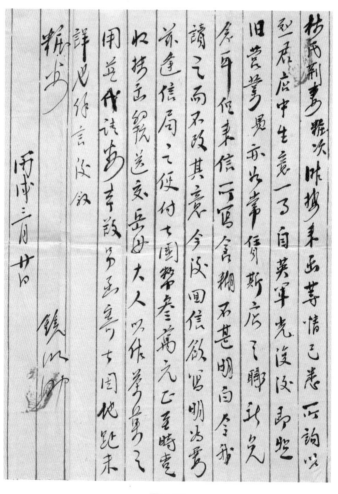

圖 3.32

戰後恢復，商店開始經營，吳鏡明也有工可做，有錢可領了。寄款 3 萬元，卻不是工資高，而是幣值低。

丙戌年（1946）七月十一日批信云：「天元來信，云在家無事可作，有心向學，余亦甚為贊成。未知在本鄉抑或他鄉是何學堂，須欲寫明來知，學費多少不成問題。二兒錫鑫現在何學堂讀書，但他所寫之字，筆法也不錯，當宜盡心勤讀，將來必有進步，亦當為教養可也。茲逢洋輪返國，附去國幣肆萬元正。」（圖 3.33）

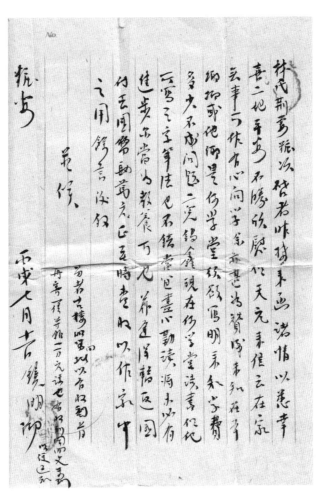

圖 3.33

　　同時他給兒子天元批信云「昨天接爾來信，所云等情已悉。中云在家賦閑，無事可作，想此學期欲入學讀書。為父亦是十分贊成。既欲入學，在此時期須欲盡心勤讀，勿得作輟。苟能進步，將來亦是爾一生之幸福。爾弟亦常教其勤讀。書籍、學費，可向爾母領取可也。勿負余言，是為至要。」（圖 3.34）

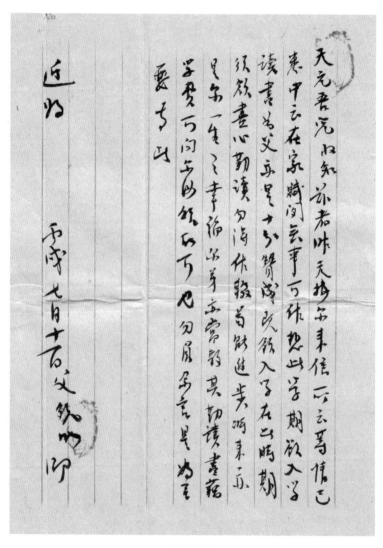

圖 3.34

根據吳鏡明好友方以烈於 1934 年寫給他的信（參見本書《華僑歸國的三大理由》一文），天元是吳鏡明的大兒子，早年（1924 年）吳鏡明出國時，「子尚在腹中」，依此推算，則大兒子到 1946 年約 20 出頭，學業已被耽誤，現在還想重新入學，可見日本侵略中國，我國除了直接的經濟財產和人民生命的損失以外，耽誤了一代人學業的損失更是難以估量。小兒子則是吳鏡明 1934 年回國時的「增制國民」，此時應是 12 歲，初學也被耽誤了。

幸好中國人民有志氣，當戰爭剛結束，他們想到的是「勤讀不輟」，以求進步，追求一生幸福。吳鏡明和他兒子的信，都體現了這一優良的民族傳統，而這樣的偉大民族是不可戰勝的！

七、汕頭被佔，華僑驚駭

民國己卯年（1939）五月初六日新加坡的華僑林展開寫給潮安第五區南桂鄉樟厝洲祖父的一封批信中（如圖 3.35）這樣寫道：「本月初五日聞各塘山郊來電，言及汕頭克被日本軍登陸，並凑安徽輪到叻，東鳳俊林客頭談及塘中百物騰貴，人民哀怨。孫男聞之憂愁之極，幾成為疾，但不知現汕頭已被日本所得，對於吾鄉影響損害若何？煩通一字來曉是荷。」

根據歷史記載，汕頭是 1939 年端午節（五月初五）被日軍佔領的，林展開的記錄準確無誤。

在新加坡的華僑於第二天便從電報中得知了這一驚人消息。

林展開隨即寫信來家詢問受損情況，而自己聽到客頭談及的「百物騰貴、人民哀怨」的消息，陷入深深的痛苦之中，幾乎病倒，他急於要知道潮汕海濱城市——汕頭落入敵手後，他的家鄉——潮安第五區南桂鄉樟厝洲村是否受到波及。這種焦慮不安的心情是出於對家鄉親人的關愛、痛惜之情，也是對日寇發動戰爭、侵略中國的憤怒控訴。

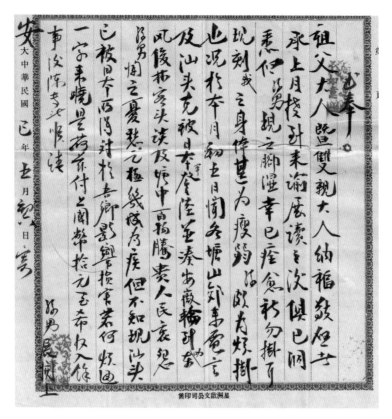

圖 3.35

八、日寇罪行，家書控訴

　　這是一封回批（如圖 3.36）與上一件僑批正好是公孫倆家書相應的一對。孫子林展開寫給祖父的僑批是民國卅四（1945）年九月初二日，祖父的回批是民國卅四年（1945）十二月初三日。內容互相呼應，祖孫倆同仇敵愾，借家書控訴日軍侵略中國和新加坡的罪行，成為極其珍貴的一對僑批。

　　日本無條件投降後，郵路一通，在新加坡的華僑林展開於民國卅四年（1945）九月初二日便給祖父暨雙親大人發來批信（如圖 3.37）開頭説：「敬啟者，久無一字奉上，倏經數載矣，罪甚，罪甚！望勿怪焉。近念大人玉體壯健，起居迪吉，合家平安，宣符所想也。男在外此次千萬全靠天公庇

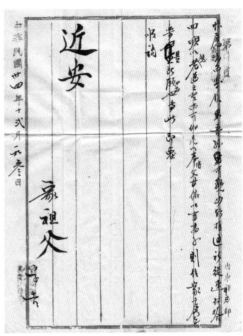

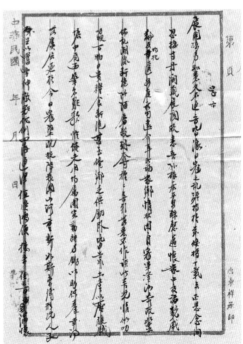

圖 3.36

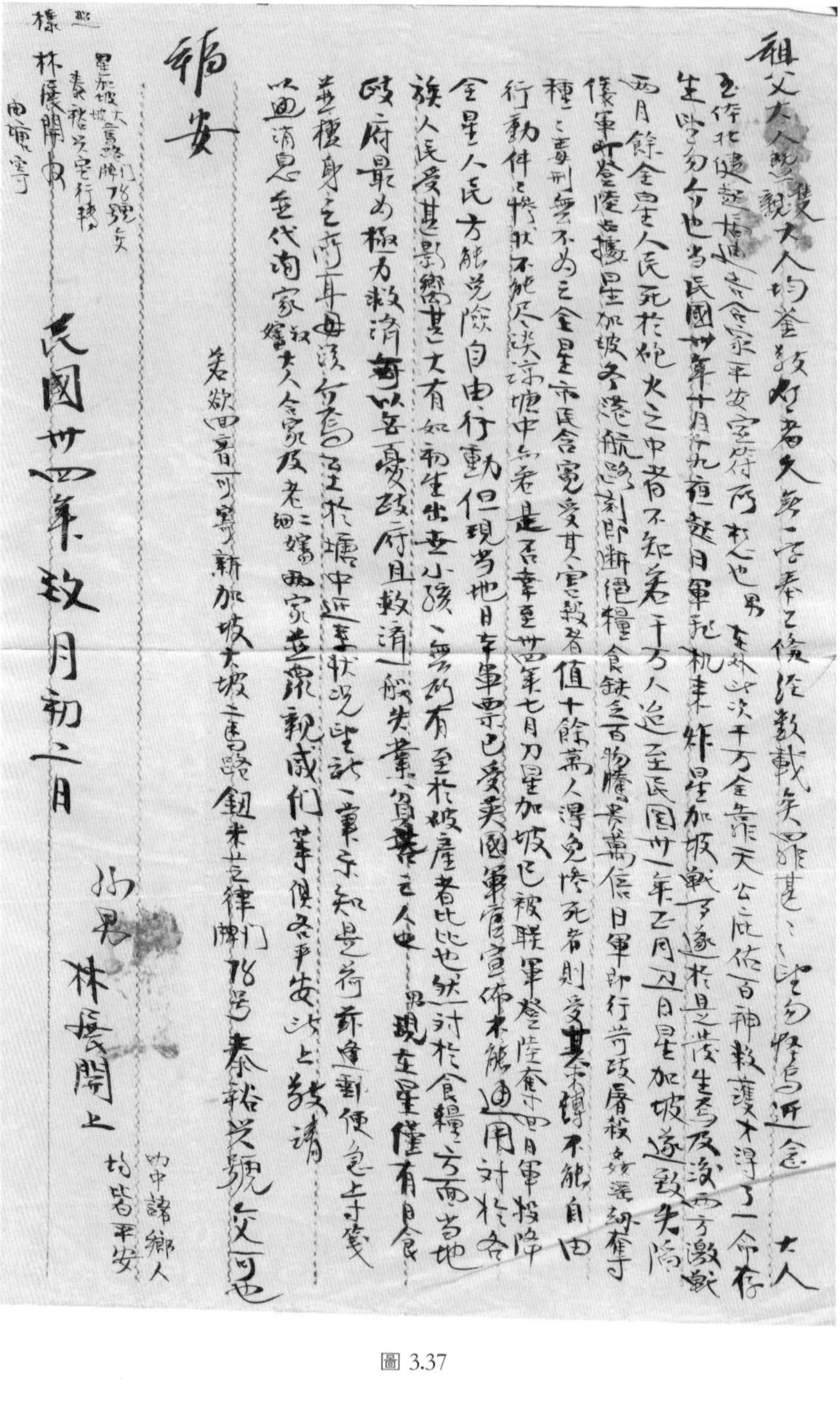

圖 3.37

祐，百神救護，才得了一命存生，望勿介也。」

「家書抵萬金」。林展開把因 8 年抗戰，郵路中斷、消息隔絕所凝聚的無限思念，一股腦兒地盡情傾訴，感人心肺，催人淚下。

孫子林展開接着描述了在新加坡親歷的苦難：「當民國卅年十月十九夜起，日軍飛機來炸星加坡，戰事遂於是發生焉。及後兩方激戰兩月余，全星人民死於炮火之中者，不知若干萬人。迨至民國卅一年正月初一日，星加坡遂致失陷。倭軍即登陸，佔據星加坡冬港，航路刻即斷絕，糧食缺乏，百物騰貴萬倍。日軍即行苛政，屠殺姦淫劫奪，種種毒刑，無不為之。全星市民含冤受其害殺者值十餘萬人。得免慘死者，則受其束縛，不能自由行動。件件慘狀，不能盡談。諒塘中亦若是否？幸至卅四年七月初，星加坡被聯軍登陸奪回，日軍投降，全星人民方能兌（脫）險，自由行動。但現當地日本軍票已受英國軍官宣佈不能通用，對於各族人民受其影響甚大，有如初世小孩，一無所有，至於破產者比比也。然對於糧食方面，當地政府最為極力救濟，可以無憂。政府且救濟一般失業貧苦之人也。」

看了這段話，我們不能不佩服林展開對往事的記憶才能。他心中懷着滿腔仇恨，筆端帶着憤怒感情，把日本侵略新加坡的轟炸、侵佔、敗退的具體時間一一列明，把日本侵略者在新加坡所犯下的種種罪行作了簡明生動的描述，堪稱是日寇侵佔新加坡罪行的真實記錄。

林展開的祖父林堅頌在回批中寫道：「久不通音，皆緣日寇之亂，彈指於茲，將十載矣。正思念間，忽接寸丹，開緘展閱，欣悉吾孫旅居平安，殊慰邁懷。家中及諸親戚鄰友均託安康，祈勿遠介耳。所詢家鄉情狀，因自寇軍登汕，苛政如雲，佈亂潮線，斷絕阡陌。屠殺劫奪，種種罪行，無惡不作，談此苦況，情似叻坡（新加坡），百物日貴，糧食斷絕，甚至俺鄉乏供、飢餓，皆靠土產以壓腹餓，塘中局面，筆亦難歌，惟俺之用均屬園貨，勤耕力鋤，以助供養，幸得無虞，屈延於今。日寇墜沉投降，我國山河重新如斯。束縛形況人民殊足以賞，雪伸敵寇伐倒，四海通泮。值逢鴻便，接來佳音，滿懷告慰者而樂歟。思吾孫可觀回路捷通，祈從速收拾回塘以慰老邁之望，而可仰足以奉侍父母，俯以蓄妻子。」

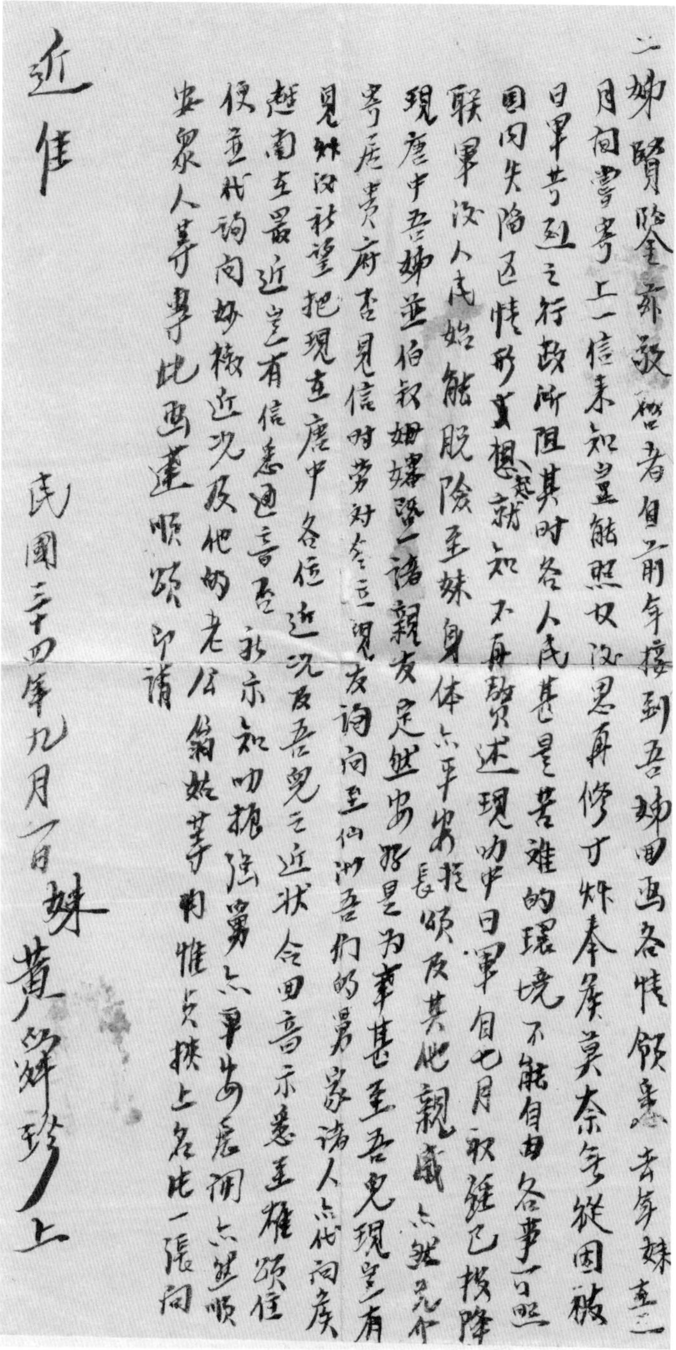

二姊賢胞金亦啟 啟者自前年接到吾姊回函各情領悉，去年妹直至十一
月向營寄上一信未知豈能照收，後思再修寸緘奉候，莫奈年從因被
日軍寄退之，行動所阻，其時各人民甚是苦難的環境，不能自由，各事一口照
國內失陷區情形，真想起就知，不再贅述。現叻中日軍自七月亦經已投降
聯軍，後人民始能脫險，至妹身體亦平安，托長頗及其他親戚亦然，免介
現唐中吾姊並伯叔姆嬸暨一諸親友，定然安好，是為幸甚。望吾兒現已有
寄居貴府否？見信時勞對令兒友詢向至仙洲吾們的婿家諸人亦代向候。
見妹後祈望把現在唐中各位近況及吾兒之近狀，令回音示悉，並祈順候
越南在最近豈有信息回音否？祈示知。叻粮強勇亦平安，居潤亦然，順
便並代詢向姊嬸近況及他的老公，翁姑等均惟安，挾上名片一張，向
安眾人等，專此函達，順頌 即請
近佳
民國三十四年九月一日 妹黃□珍上

圖 3.38

　　這位老先生滿腹經綸，筆法老到，用短短百十字便把日寇侵佔汕頭時所犯下的滔天大罪，寫得一清二楚，令人觸目驚心。這封回批，既是當年日本侵華罪行所作的真實記錄，也是一篇痛快淋漓對日本侵略者罪行的控訴書。

　　林展開的岳母黃舜珍也於同日給自己的胞姐寄來一批，內容也十分翔實：「去年妹在三月間嘗寄上一信，未知豈能照收？後思再修寸草奉候，莫奈無從，因被日軍苛烈之行政所阻，其時各人民甚是苦難的環境，不能自由，各事可照國內失陷區情形想起就知，不再贅述。現叻中日軍自七月初經已投降聯軍後，人民始能脫險。」（如圖3.38）一個女流之輩能把日本的惡行敘述得如此生動，確實少見。

九、筆筆記錄，索賠清單

　　饒宗頤教授在《中國史籍類選》序中所說：「盈天地間之一切資料，無非史也。」當年華僑和僑眷之間的家書，留下大量原始記錄，真實可信地反映了當年的歷史真相，通過對僑批的深入研究，可以拓寬潮學的研究領域，使潮學發揚光大。

　　作者收集到澄海程洋崗仙美鄉一些僑批，其中有一份特殊的回批抄件。封面上（圖3.39）寫着：「中華民國卅五年（1946）六月二日錄家鄉來函報告慘難情況」，信箋（圖3.40）中抄錄了「本鄉族人寄來函與暹鄉僑總會書，抄自雪蘭莪、從勝老叔致建興老信。」毫無疑義，這是中國抗戰勝利後，旅居馬來亞的華僑接到家鄉來函，把家鄉遭受到的嚴重損失抄錄下來，作為向華僑總會的情況報告書。

　　來函是如此介紹家鄉慘狀的：「自我祖國抗戰以來及至和平後，本鄉變遷頹落，與別處不同，流離失散慘重，旅居海外鄉僑聞之極為關懷梓里，僑眾非常浩歎矣！」

　　然後一筆一筆記下了日本侵略者的罪狀：

　　第一筆：「我鄉年來遭斯國難，死亡眾多，現在住鄉男女僅存貳佰三十

圖 3.39

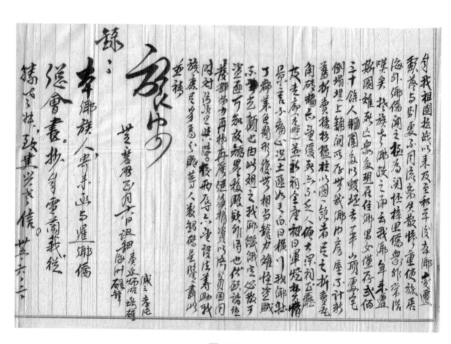

圖 3.40

餘人。」因為鄉里鄉親，原來村中有多少人大家清楚，所以沒有寫明原來有多少人。從我們潮汕農村聚居情況，一個村「僅存貳佰三十餘人」，少說也是死亡、逃亡過半。

第二筆：「圍牆多已毀壞，去年山頂處宅倒塌，堤上鋪間拆存無幾，鄉內房屋，不計新舊，拆賣樓枋、楹、柱，以圖一飽者盡之，拆賣瓦角、磚牆，亦望緩死，亦不乏人。」這段話可以清楚看到，這是一個依山傍水的大鄉，山上的住宅倒塌了，河堤上的店鋪也所存無幾，戰後民不聊生，哀鴻遍野，啼饑號寒，為求「一飽」「緩死」，只好拆屋，賣木板、楹柱，甚至磚瓦了。棟折榱崩，茹苦吞酸，人間慘狀，無過於此矣！

第三筆：「大宗祠正廳及走廊（左畔）並新祠全座，被日軍燒焚情景，言不（勝）痛心。」殺我同胞，毀我宗祠，是可忍，孰不可忍！日本侵略者肆無忌憚犯下的滔天大罪，已經到了人神共憤的地步了。

第四筆：「土匪如毛，白日橫行。我鄉壯丁都菜色鵠形，復無相當槍力，難怪盜賊不無光顧也。由此觀之，我鄉飢餓，定必散於盜匪可知。」土匪雖非倭寇，可這是日本侵略戰爭的後遺症，就是把這筆賬算到日本侵略者頭上，也不為過。

信末，我們看到鄉里老大把「分賬等人數、銀碼呈鑒」，再繼續向僑胞要求接濟。更加難能可貴的是，他們籌措賑款時，想到了「學校」，「亦望設法籌助我族庶眾。」我們潮汕是耕讀傳世的海濱鄒魯，即使到了如此困苦的時期，人們仍然想到學校，想到教育，想到了下一代，這樣的族羣是不可戰勝的，前途是光明的。

這件特殊的回批，是一份日本侵略者罪行的記錄，是一張向日本政府索賠的清單。戰後歷屆日本政府都沒有為其戰爭罪行低頭認罪，它永遠不會得到中國人民和世界人民的諒解。

留着這張索賠的清單，可以隨時向日本政府討回公道。

附記：澄海程洋崗仙美鄉走訪記

饒宗頤先生在《華學》發刊辭中說：「我一向所採用的史學方法，是重

視「三點」，即掌握焦點、抓住重點、發揮特點，尤其特別用力於關聯性一層。」他還明確表示「我在史學上是主張關聯主義的。」

學習饒老的治學方法和態度，我們對這封特殊的回批進行地點推測、方志查證和實地走訪。

一、地點推測：這封特殊的回批並沒有地址，可與同時收集的多封僑批參照比勘，要推斷地址並不困難。如圖 3.41，由馬來亞「雪蘭莪」寄到「星洲大坡吊橋頭馬車街門牌 28 號　林思曾先生」，和另一封僑批由叻寄到「澄海縣程洋崗仙美鄉交　林思曾先生」（圖 3.42），因為抄件中提到「雪蘭莪」，關聯性找到了，便可由此推斷，這個被日本侵略者燒殺搶掠的地方是澄海縣程洋崗仙美鄉。

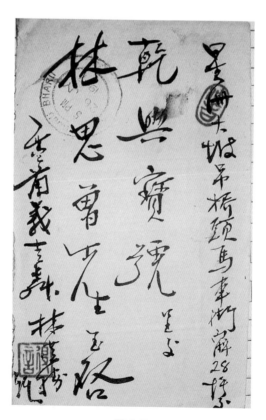

圖 3.41

　　二、方志記載：《汕頭市地名志．聚落地名編》（P101）程洋崗，在澄海縣城北偏西 7 公里，韓江東溪東岸，人口 5960 人，有僑鄉之稱，僑屬佔 70%。

　　三、實地取證：2008 年 8 月 10 日上午，作者走訪了仙美鄉。地名沒變，要找不難。在兩個路口，問了一位擺灘的老頭和一位樸實的村姑，很容易就找到目的地（見圖 3.43）仙美鄉，真是地如其名，那是一個美麗的仙境，浩瀚的韓江從村邊流過，簇新的房舍，村邊的池塘，人來人往，雞鳴犬吠，綠樹交加，山巒如黛。雖然是第一次來，卻有似曾相識的感覺，僑批上說的「山頂處」和「堤上」給我們的想像，與眼前依山傍水的村莊的景色完全吻合。而不同的是，現在這地方是那麼清淨，那麼祥和，那麼富庶，和僑批中的描寫戰後破敗、民不聊生、盜賊橫行的慘狀完全是兩個世界。

圖 3.42

　　在村口碰上一位老伯，我們把來拜謁他們宗祠的意思說了，他很高興帶我們去。林氏宗祠修繕得很莊嚴（如圖 3.44）進到宗祠，我們看到僑批上描寫過的地方了。我們問他「宗祠何時被日軍燒焚？」他非常驚訝我們何以知道，我們說我們是研究歷史的，了解過。他說：「當年日本鬼子燒毀了新祠全座和走廊左畔，右畔沒燒。宗祠在 1984 年由華僑題錢重建。」老人還說：「現在的柱子是用水泥的，原來新祠的巨大柱子是石雕的，更加貴重。」宗祠被日軍焚毀的範圍和回批說的完全一樣，回批記錄嚴謹準確，

圖 3.43

圖 3.44

大宗祠的走廊右畔逃過火劫，並沒有誇大其詞。

原來帶我們進宗祠的老人正好是宗祠的管理看護人員，他和另外一位老人熱情招呼我們坐下談談。我們把一些問題向老人求證。

「林思曾是你們鄉里人嗎？」這是我們的一個關鍵問題。

「是的，」另一位老人說，「『思』是我們的輩序，列廿代。我也是『思』字輩，叫思漢。思曾是位老師，早年出國到叻的。1984 年重建宗祠時他捐了款，也回來過，還給村裏題過字。」

「從勝老叔是你們村裏人嗎？」

「是。」兩位老人都十分肯定，「他後來也出國的，一直在國外。前些年還在，該有 90 多歲了。」

「建興老呢？」他們同樣肯定，「他在國外，他弟弟建業的兒子現在還在村裏。」

一切推測都完全得到證實。

「當年你們村原有多少人？日軍燒殺以後剩下多少人？」

「我們村原有四五百人。」老人說。「除了死的和走的，村裏就只剩下 150 多人。」回批中說當年還有 230 多人。記憶應該沒有文字準確，何況這位老人當年才有 9 歲。

兩位老人還給我們介紹說，這裏是僑鄉，歷來都很富裕，很久以來就不耕田了，除了出國的，在家的都做一些生意。這讓我想起「回批抄件」中所說的「堤上鋪間」，就是他們的生意場地。如今，我們看到村邊韓江堤岸上也有「鋪間」，開的是飲食店和旅遊船連鎖服務的項目，飲食店的特色菜是「河鮮」，電動旅遊船有 10 多艘。中午，我們也在這裏消費，從河裏剛捕撈的河魚確實非常鮮美，而電動旅遊船則是一個移動的包廂，把我們沿河載到涼爽的地方用餐。江水東去，清風徐來，品嚐河鮮佳肴，欣賞兩岸風光，叫人心曠神怡、流連忘返。

作者後來又收集到澄海蓮陽林榮年於民國卅五年（1946）七月初四寫給新加坡的姪兒林思曾的回批，又給當年日本侵略者的滔天罪行提供一份確鑿的佐證，批信中寫道：「現在饑荒嚴重，米貴如珠，遍地皆是。余自蓮

陽湖港上鄉尾陳學校本春歇事之後，入息斷絕，生活岌岌，誠恐餓殍，慘狀難述。今環境迫逼，上下為難，苦極苦極……惟物價高貴，月間銀項至切多寄者為最要。鄉中自失陷後流離死亡，十室九空，瘡痍滿目，失業者眾。」（圖 3.45）描繪了一幅日本踐踏潮汕僑鄉的悲慘畫面，一句「苦極苦極」，卻道不盡其中的萬重苦難：饑荒嚴重，米貴如珠，人息斷絕，生活岌岌，誠恐餓殍、慘狀難述、環境迫逼、上下為難、流離死亡、十室九空、瘡痍滿目、失業者眾……，真是一言難盡。

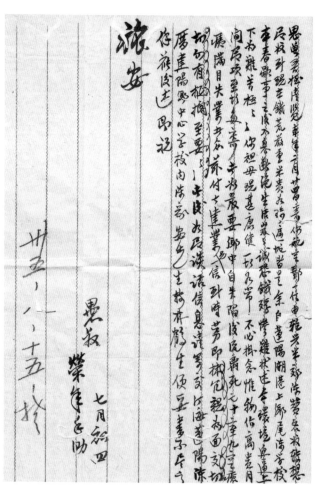

圖 3.45

戮力同心：重建家國的真實心聲

　　僑批信中，或懷父母恩惠，或訴夫妻情意，或念兄弟手足，或記親戚鄉人，血濃於水，情溢於詞，叫人百十年後，仍一讀一淚，感喟唏噓。

　　日本投降了，家鄉解放了，不但國內人民歡天喜地，就是國外的僑胞也感覺揚眉吐氣，很多華僑在國外關心祖國，經常通過閱讀報紙來獲知家鄉情況，對家鄉的發展變化自然也比較了解。當他們得知家鄉解放，全國上下一心重建家園，他們都歡欣鼓舞，額手稱慶，終於盼來了和平日子。

　　樹人翁魯迅曰：「無情未必真豪傑，憐子如何不丈夫。」又有句云：「握手銷魂，兄弟竟居異地；登樓隕洋，英雄未必忘家。」人生在世，情為何物，封封僑批，詮釋無遺義矣，於是同心協力，攜手重建家園，加之政府的重視和輔助，祖國正以一日千里的速度迅猛發展。

一、集腋成裘　支援築堤

　　二十世紀 30 年代，韓江流域水患嚴重，海外華僑時刻關心，並主動捐修長堤，以絕水災隱患。

　　圖 4.01，是華僑寶欽於民國乙年（1935）年二月十五日寄給慈親的僑批，說到了潮汕一次嚴重的水患：「星洲總會報內載，潮安北堤潰決，各處盡成澤國，災情嚴重等等，男聞訊之下十分驚恐。後各商號打電實叻詢問，覆電答之，北堤泄露情況嚴重，然不至潰決之虞，受一場之虛驚耳。但長堤不修，每逢洪水一到，出犯不淺也。」從信中我們可以看到，在國外的華僑對家鄉的關切之情，有關家鄉受災的消息一傳出，大家驚恐異常，紛紛致電詢問。這次雖然只是虛驚一場，可是他們已看到「長堤不修」始終是個禍害。

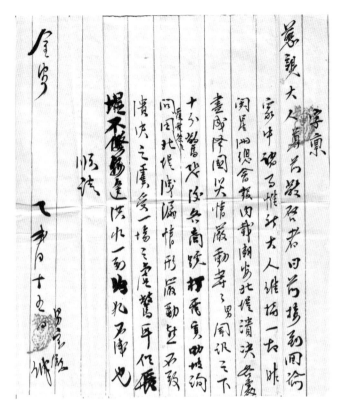

圖 4.01

　　一個月後，寶欽再給母親來批說：「昨天由信局接到回諭一封，拜讀之下，諸情領悉⋯⋯北堤非崩潰，實因堤身龍骨折斷，遇逢春水一到，每每泄漏，因年久失修所致。幸此次溪水不大，正免潰決之虞。聞經已測量，修理北堤龍骨計算約 40 外萬⋯⋯各處韓江公會經向各處募捐，以修理北堤之用。唐中焉得無所聞乎？。」（見圖 4.02）信中還說及「唐中現刻喜行國幣，或兼使白銀否？」當時國幣剛發行，與白銀等價，幣值極高，像寶欽每月寄 30 元就足夠一家生活費用。這修堤的 40 萬元在當時已經是一個天文數字了。信中說的「韓江公會」是潮汕沿江各縣籍的華僑組織，在它牽頭帶領下，潮人積極捐款，集腋成裘，為家鄉修復堤壩盡心盡力，今日讀之，仍令人動容！

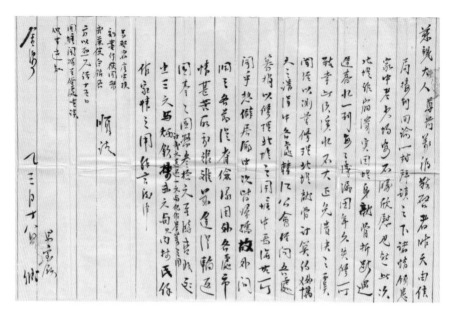

圖 4.02

　　然而查對歷史記載，卻讓人寒心：「1935 年 7 月，連日暴雨，韓江水大漲，北堤舊隙穿池一二處，東洋堤告急，浮洋至庵埠一帶，田園悉被淹沒。澄屬蓮下、赤窖、西隴、歧山、浮隴、鷗汀、漁洋等鄉，多成澤國。」

　　由此可見，當時韓江流域的水患相當嚴重，很多華僑遠渡重洋到異國他鄉謀生，當他們在海外立足、經濟上稍微寬裕時，就會開始籌劃在家鄉建設，並為家鄉的基礎設施建設出錢出力，他們對家鄉的建設貢獻，不僅體現在居屋的建設上，還熱心於建學校、祠堂、修橋鋪路築堤等公益事業，而一旦聽聞家鄉受災的消息，大家更是積極行動，一呼百應，捐款賑災。

二、戰後復通，亂象叢生

　　日寇的長期侵略使許多家庭與海外親人失去聯繫，抗戰剛勝利，海外華僑急於要知道家人平安與否，所以，第一封批信往往是詢問家人情況的

「空批」。（圖4.03）僑居馬來亞吉隆坡的吳鏡明於乙酉（1945）年八月十六日寄給妻子林氏的信中説：「自信息不通，忽經數載。在此苛刻殘暴鐵蹄之下度日苦不勝言。幸得今已世界和平，實堪可賀。余今在外平安，賢荊與少兒輩亦皆平安否？今付郵便，先作寸草通知，候日後銀信恢復交通之時，另再函達並報平安。」（圖4.04）信中還一一詢問諸伯叔嬸母、兄弟姐妹以及岳母、諸位姻兄、內姪等。8年抗戰，音信不通，「親朋無一字」，人間慘事，無過於此矣！戰爭一結束，華僑就迫不及待地來信詢問家中大小老少的情況，急於知道經過慘絕人寰的抗日戰爭後，家中的親人是否安在？

後來，接到家鄉妻子來信明確答覆後，吳鏡明便接二連三給家裏匯款。可是戰後的僑批業還在逐步恢復中，也存在不少問題。他在丙戌年（1946）二月五日寫給妻子的批信還説道：「來函諸事已悉，中云接到信件而無銀項交到，或者另派員送到，亦未可知耳。昨接來信，即向信局詢問，而該號取出收條一張，余將該收據細察，該收據雖有寫民國卅五年一月廿二日，並署名吳天元，後面並貼一四方紅紙，『寫是天接到佳音，外並付來

圖4.03

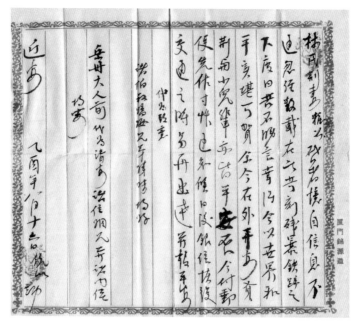

圖 4.04

國幣一萬元等語』，余接到該收條甚是狐疑，因民國卅五年一月廿二日，計算是在於去年十二月，抄來信是元月五日所寄的，因何如此矛盾否？該款至今豈有收到否？或彼人作弊耳？是否回音來知，則可向該號交涉。另者，正式通匯在於十四號實行，順此通知。」（圖 4.05）因為急於多寄批，鏡明沒有按常規寄出一批、收到回批後再寄一批，因此後來才發現前面寄出的批並沒有收到。這是戰後一些批信局渾水摸魚，不按規矩辦事，從中營私、扣押批銀，致使一些華僑產生懷疑，便去質問批信局，拿到證據後又與家裏的僑眷一一對質。不久，他於六月十八日給妻子的批信（圖 4.06）中又這樣寫道：「五月初三寄南星信局一封並國幣壹拾萬元，該銀信豈是於五月廿七日收到否？昨天因南星交來收據一張，愚認其筆跡是天元簽名，惟並無一字回文，況該信所詢塘中各事為何一字未提及，況且連月所寄之批俱有回文，惟獨此批無回文，使吾疑慮。因現時所寄之批在三萬元則可寄正市，如若多寄者則寄黑市。但現時不比戰前，舊時寄批則銀信直接派到

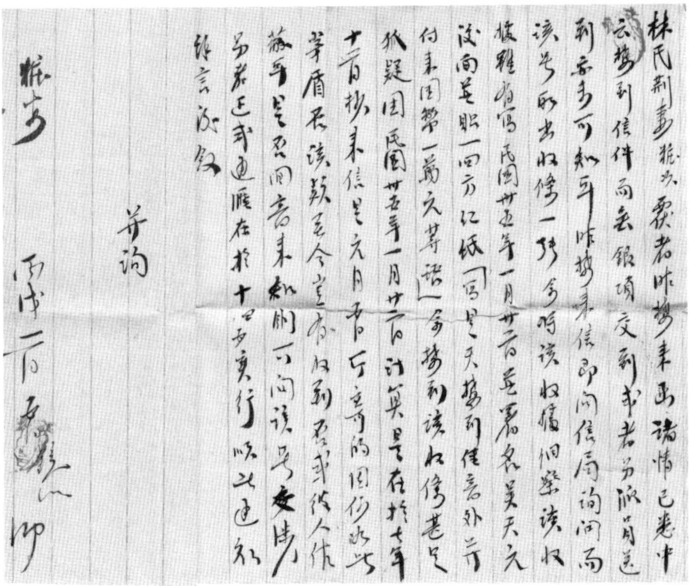

圖 4.05

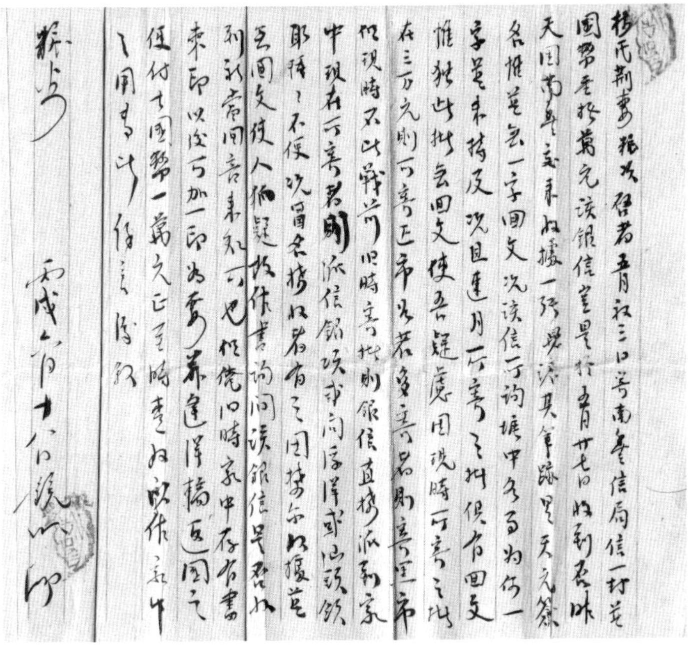

圖 4.06

家中，現在所寄者則派信，銀項或向浮洋、或向汕頭領取，種種不便，況冒名接受者有之，因爾無收據，並乏回文，使人狐疑，故作書詢問該銀信是否收到」，已經是接二連三發生沒有收到回批或回批說沒有收到銀項的事情，他不得不與妻子約定今後回批時須加蓋書柬印章，以防萬一。這是百般無奈的舉止，批信局的一再失信，使華僑失去信賴度，便想出制止和預防的辦法，真是道高一尺、魔高一丈。同時，吳鏡明對僑批沒有像以往一樣送批款上門表示不滿：「但近來所寄去之批，未悉銀信局面交抑或他處領銀。」（圖 4.07）在華僑看來，由信局直接送僑批上門更顯得安全、可靠。

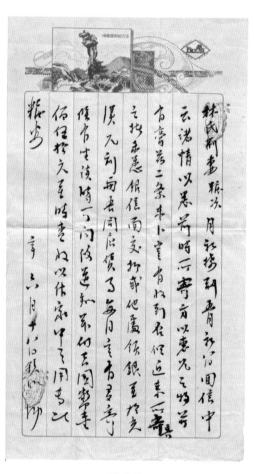

圖 4.07

華僑林展開於民國卅五年九月初四日在寫給妻子妙椒的批信中也寫道：「現在吾每月所寄家批之銀是批局上門分發，抑是自己去店仔頭取領？切與吾言知，如是去店市領取，吾即下信勿寄此批局。」（如圖 4.08）僑批一般都是由「批腳」送上門去，在戰爭剛結束不久，僑批猛增，有的批局一時人手不夠，便出現叫僑眷前來批局領取的現象，使僑眷覺得很不方便，華僑因此想另換一家服務更到家的批局。

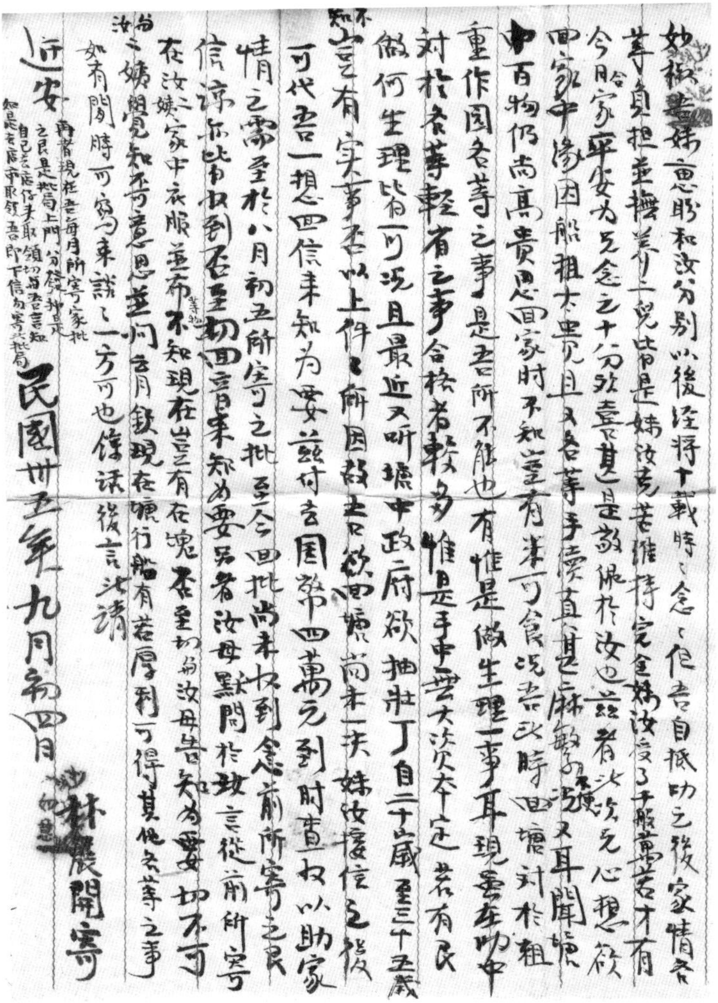

妙椒吾妹惠照：和汝分別以後，経將十載，時時念念。但吾自抵叻之後，家情各等負担並撫養兒兒，皆是賢妹汝苦苦維持，完全賢妹汝受了千般萬苦，才有今日合家平安，為兄念之，十分歡喜，甚是敬佩於汝也。茲者汝兄心想欲回家，中途因船租太貴，且又各等手續甚甚麻煩，又耳聞唐山中百物仍尚高貴，思回家時不知唐有來可食，況吾此時回唐，對於祖重作國各等之事是吾所不能也，有惟是做生理一事耳。現吾在叻中對於各等輕省之事合校者較多，惟是手中無大資本定，若有良做何生理皆可，況且最近又聽唐中政府欲抽壯丁，自二十歲至三十五歲，不知唐之有實事否。以上件件所因故，吾之欲回唐尚未一決，賢妹汝接信之後可代吾一想，回信來知為要。茲付去國幣四萬元，到時查收，以助家情之需。至於八月初五所寄之批，至今回批尚未收到，念念。前所寄之銀信諒你皆收到否，望切回音來知為要。另者汝母默問於我，言從前所寄在汝姨家中衣服並布等物，不知現在唐之有在塊否，望切向汝母告知為要，切不可汝姨親覺知不合意思。並問吾月錢現在唐行船有若厚利，可得其他各等之事。如有閑時可寫來談談方可也。餘話後言，此請

近安

民國卅五年九月初四日 林展開寄

再者現在吾每月所寄家批之銀是批局上門分發，抑是自己去店仔頭取領，切與吾言知，如是去店市取領，吾即下信勿寄此批局。

圖 4.08

　　國幣的濫發和暴跌，使華僑血汗換來的批款，變成一堆廢紙，也致使許多批局不敷付出，只好宣告倒閉。如圖 4.09，是泰國華僑葉寶安於民國卅六年（1947）八月五日寫給澄邑冠山鄉周興隆的僑批，上面寫道：「上月弟嘗寄潮錦興批局帶去壹信奉候兄台，至十數天后該局宣佈倒閉，弟嘗向該局詢問真相，該局職員言批已寄去，為何至今久不見回音？未悉豈有收到否？」如真如該批局的職員所言，在倒閉前仍把批寄出去，算是有良心

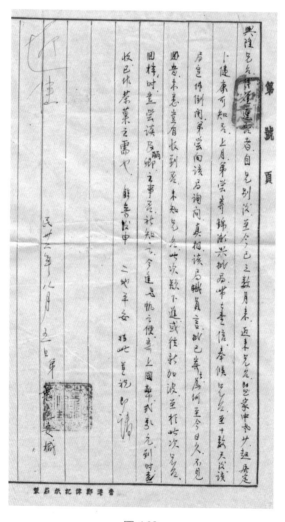

圖 4.09

的批局，但到了國內，有沒有分發出去就難測了。總之，10 多天后還沒有收到回批是極不正常的。

這些批信，給我們許多歷史信息：一、戰爭一結束，華僑急於匯款接濟家人，可是馬來亞政府卻限制匯款的額度，每人每月只能寄 3 萬元以內；二、金融市場出現黑市，一些信局利用華僑匯款的迫切心情，八仙過海，各顯神通，因而也有乘機藉此大撈一把的；三、初期恢復的僑批業，手續不完善，有被冒領僑批的現象，在大合唱中出現了雜音和不和諧音符；四、不止是個別人反映僑批業的服務遠不如戰前，華僑十分懷念戰前把批銀送上門的良好服務；五、經常在僑批上看到的書柬印章，有防偽功能。六、批局之間出現不良競爭、互相傾軋，致使一些批局不支而倒閉。這些因素的產生，都是戰爭帶來的後遺症，因此，這些賬還必須算在日本侵略者的頭上。

三、天災人禍，僑眷困苦

「二戰」後，人禍加上天災，使廣大人民苦不堪言，在水深火熱中苦苦掙扎。

友津於民國卅五年（1946）六月廿日給母親的回批中寫道：「茲因現年天時大旱，人民十分痛苦。兒上年嘗耕在本鄉烏門友人二畝田，今因他家十分悽慘，故將此田出賣，兒被買之人吊高（吊高，潮語，被人撇在一邊），並無可作，故此往外謀生，並無利可取。現已兒往下張村與吾岳父合在他鄉之人買船二隻，一日來往汕頭，頗有利可得。此船現約六十萬元，合八份，兒奉一份，得元七萬五千，是吾岳父與吾代生（代生，潮語，代借的意思），望大人寄些來幫助。兒現在是存一個人，並無一元，無奈大人所寄之資，並兒四方之友常常拿元與兒做生意，若是無這二條門路，就着坐而待斃。」（圖 4.10）據歷史資料記載：「自 1945 年 10 月至 1946 年 6 月，潮汕大旱 7 月餘，田不能耕，海無可漁，米價飛騰 43 倍。」老天作惡，使

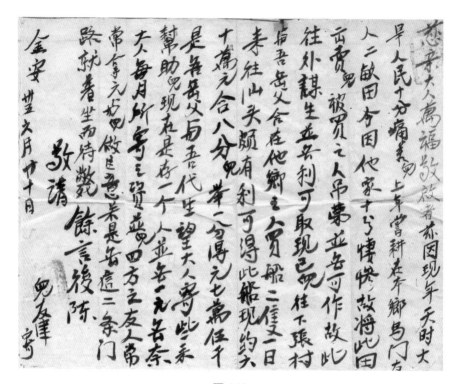

圖 4.10

友津不得不棄農就商，另謀生路，他與別人合買兩隻船運貨，自己持一份股份，需 7.5 萬元，但卻身無分文，只得向在海外的母親伸手，這時天逢大旱，田裏顆粒無收，只得另謀生路。

　　同時，友津的姆母鄭氏也代為證明道：「姪兒近來買船合友人同業，計他得一分，來往汕頭，頗有利可得。為姆在再千老嬸處代借國幣三萬元，其餘他岳父代調，現再千老銀接信後已還清了。」（圖 4.11）友津的母親得知後馬上從海外匯來了 3 萬元國幣，並答應下來再寄款，代兒子還了借款。

　　此外，兒子還做一點小生意補貼家庭，姆母鄭氏在同封回批中也提及「近來生意只能頗頗渡日，但目前唐中米每斛萬左右銀，為姆對於家庭亦是十分愁掛。」物價昂貴，小生意更加難做，使得廣大人民只能苦苦掙扎。

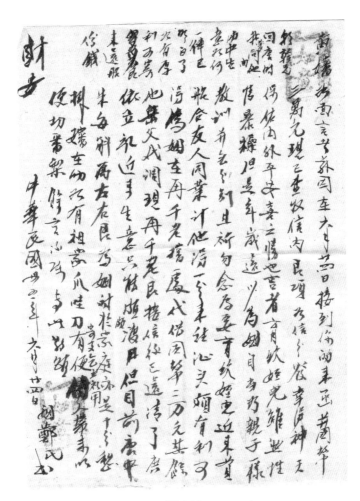

圖 4.11

　　另外還有 3 封回批也同樣是反映 1946 年大旱災人民生活慘狀的。一封是育欽（即友津）於民國卅五年三月廿九日寫給慈親說：「此時塘中大旱……草木枯得如火燒一般，溪河一帶浮砂白白，兒往樟厝洲不用坐船，是用步行……現在塘中之米充一斗萬餘元，價目最高曾到萬四元，番薯與米同之。仙洲大姈現在甚是痛苦，三餐難度。外祖母之棺木還未下葬，兒欲意將外祖母之棺木埋葬，可是天不如願，耕種不着，生意無賺，故不能做得。」（圖 4.12）看後真是催人淚下，原來須坐船的河流乾涸變成可直接

行走過去，許多人家三餐難度，連外祖母去世了也無法入土為安，真是到了走投無路的地步。

　　另一封是祖父於民國卅五年（1946）四月初一寫給長孫林展開的：「現在塘中天時乾旱異常，田園稼植盡皆枯萎無收⋯⋯刻下塘山人民皆以青菜度日，苦不盡言。」（圖 4.13）天氣乾旱異常，使田園的一切植物都乾枯無收，人們只得挖野菜度日，真是苦不堪言。

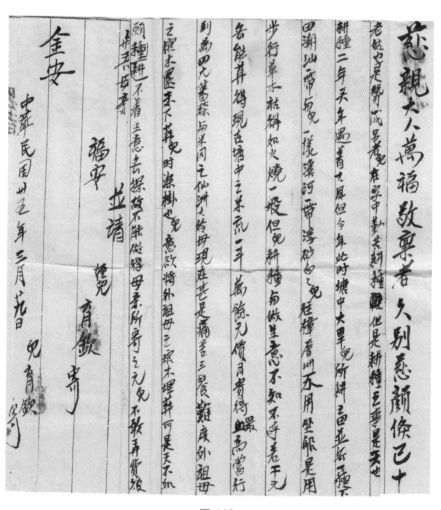

圖 4.12

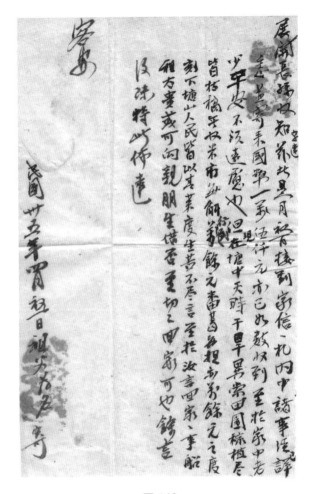

圖 4.13

　　陳淑卿於丙戌年（1946）三月也寫回信給潔趙胞弟和哲昌嫂說道：「現塘中天時大旱，百物高貴，米一斗五千元，日見日貴，爾家情每日食用着四萬元之左右。」（圖 4.14）由於天旱無收，米價日見高昂，使許多家庭陷入飢寒交迫之中。

　　「二戰」後，戰爭的後遺症仍長久地影響着人們的生活。陳氏寫回批給丈夫錫泰說：「自淪陷以來批信斷絕，天涯海角無從相敍，念念。良人客居異地，勞瘁風塵，務當貴體調攝，努力加餐為祝……數年以來，萬物

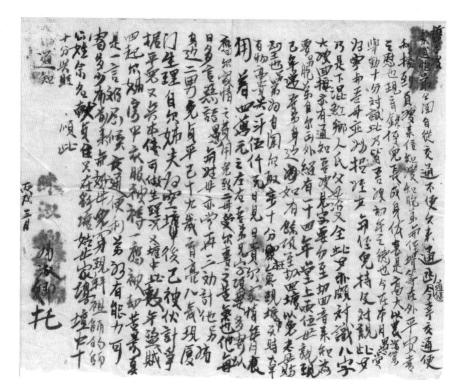

圖 4.14

騰貴，免想而知，家無寸土之遺，內無一錢之存，衣服一介費盡，株守苦海，以待天下升平，朝夕禱祝，日夜憂愁，誰料復員以來，乃竟自三月一批而又斷絕，是何也？望乞示知。現潮汕各界早造失收，日難度三餐，人人失業，去年幸有吾母家頗豐裕，才能寸絲看待，現吾母家境亦困難，一無所出，惟望信到之日速速批銀寄來，以免飢寒之憂，是所為盼。另者三月來信問爾岳母為何失盲，只因生活困苦，憂愁過度，又念爾妻兒。據聞吾婿現有職業，境況亦饒，如有孝岳母之心，亦至切每月多少寄來，以減爾岳母之愁。」（如圖 4.15）

　　8 年抗戰，僑批斷絕，使一個原靠僑批過活的家庭陷入困境，四壁蕭然，只好向娘家索取，但娘家也被掏空了，岳母也貧病交加而致眼睛失明，真是悲慘極了。

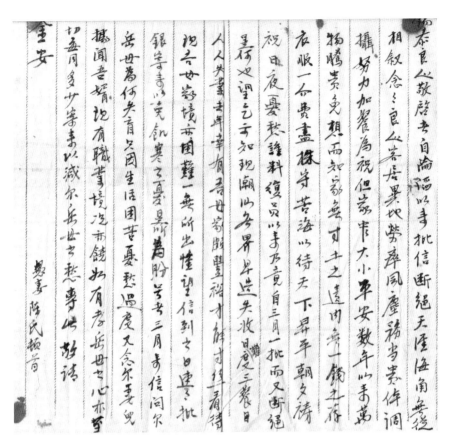

圖 4.15

　　這位陳氏的婦女雖不是知識分子，但她的回批卻寫得頭頭是道、井井有條：「家無寸土之遺，內無一錢之存，衣服一介費盡，株守苦海，以待天下升平，朝夕禱祝，日夜憂愁，誰料復員以來，及竟自三月一批又斷絕，是何也？」僑眷本以為戰後會慢慢好起來，但內戰即起、早造失收、人人失業，加上僑批接濟不上，令這位婦女愁上加愁，再三懇求丈夫多寄些僑批來救濟陷入水深火熱的妻兒。

四、內戰又起，歸國無望

「福無雙至，禍不單行。」剛剛結束了 8 年抗戰的中國，緊接着，內戰的烽火又遍地燃燒，人們再度陷入水深火熱之中。

如圖 4.16，華僑林漢松於民國卅七（1948）年 7 月 10 日在給妻子的批信中說：「戰事日急一日，未知如何設想是好矣。」剛經過 8 年戰火摧殘的人民極需休養生息，但內戰爆發，天災人禍不斷。該批接着又寫：「此次嘗閱報章，對俺潮州各縣遭此慘凄，比如天旱、水潦、蝗蟲等實為厲害，所謂『福無雙全，禍不單行』。後該下種子者並無收成，及各處放青利息浩大，況且物貨日昂一日，匯水一路千里，誠屬驚人聽聞耳。」

國外消息靈通，他們從報紙上獲取信息，對國內情況甚明，他這次雖然寄 500 萬「巨款」，實際上當時只能購買幾斤米而已。戰禍加上天災，更由於內戰需要大量的資金扶持，以致國幣暴跌，匯水狂瀉，這 500 萬元到家中時，又不知貶值到何等慘不忍睹的地步了。

糟糕的是，林漢松所在國在戰後的情況也不好：「此幫遷移來雁（雁，即魯雁，馬來亞地名），因為在鬥（鬥，即鬥湖，馬來亞地名），每月所得薪水甚微，不敷需費及應寄家批之資。本月之間山貨驟然狂跌，各屬商家虧本甚巨……茲值鴻便特寄上國幣五百萬……望吾妻各節忍耐。」

由此可見，當時的馬來亞經濟也是一落千丈，華僑的日子並不好過，他儘量節省，往家中寄出 500 國幣，只能與國內的親人相濡以沫、互相安慰了。

如圖 4.17，林漢松於民國卅八年（1949）五月十二月在寄給妻子的批信中寫道：「因時閱報章，我國戰爭□□厲害，海路阻塞，故暫候和平才敢歸里是也。」「倘若戰爭有些和平，自當歸計之思，此時正值國內荒亂之際，何敢回鄉？」

因 8 年抗戰致使華僑 8 年無法回鄉探親，本以為抗戰勝利可回去見見戰火下尚存的親人，誰知緊接着 3 年內戰烽火又起，回鄉的凤願遂成為泡影，只能望洋興歎了。

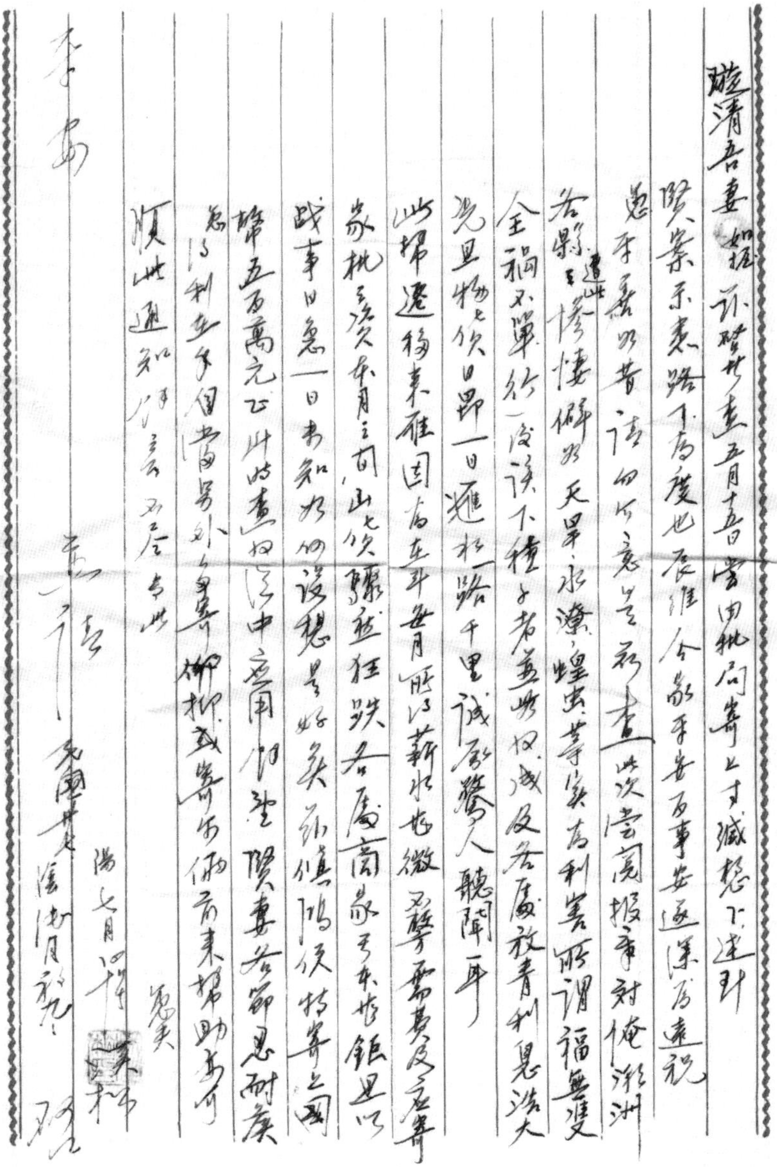

圖 4.16

圖 4.17

五、全國解放，歡欣鼓舞

1949 年，中國進入一個新的歷史時期。

如圖 4.18，是李熙南 1950 年二月一日寫給雙親的回批，上面寫道：「家鄉現已解放了，生活安定，望大人勿必掛念至盼。」同時，他的祖母也附上一信：「解放後，一切之事煥然一新，真是好極，唯本季收公糧減二五，相當重，一共負責公糧四佰餘斤（和公產），使我感到不樂。但孫榮卻時時作這樣解釋，説今日的政府是赤手空拳革成功的，所以過度窮苦，今日當起家來，當然要多點錢，然後才能使幣制安定，支援前線，快快解放台灣等等，使我醒悟，請你多寄點款，以維家計。」（圖 4.19）這祖孫倆對家鄉解放歡呼雀躍，對氣象一新的社會環境感到心曠神怡，雖然老人家開始時對交公糧一事有點牴觸情緒，但經幹部解釋後，很快就思想通了，中國老百姓真是通情達理。

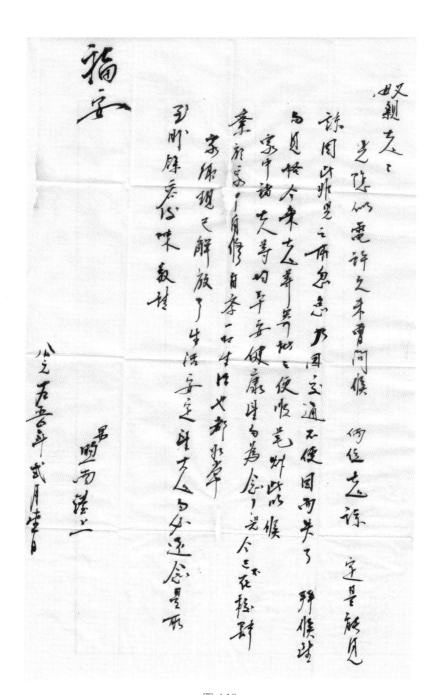

圖 4.18

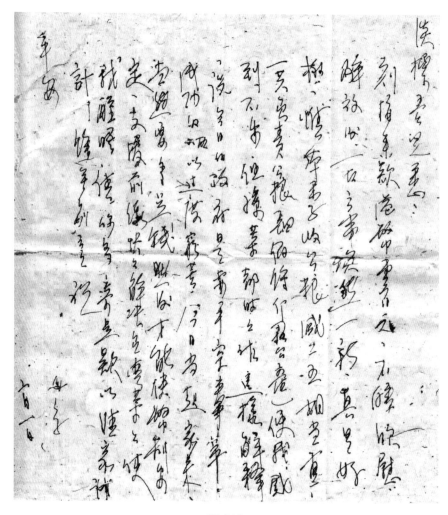

圖 4.19

　　「解放區的天是明朗的天」，這是一首解放初期唱得最紅火的歌，下面
這封回批便是詮釋了這首歌的內容：「家鄉現已經解放了，人民已能夠永遠
的見着那廣大無際的天，不再受反動者、帝國走狗之欺侮、壓迫，人民已
徹底翻身了，家鄉的生活比從前較為適當，人民的生活安定，請你不必憂
慮。」（圖 4.20）解放啦，人民揚眉吐氣、翻身作主人，其歡欣鼓舞之情躍
然紙上，人民已能夠永遠見着那廣大無際的天了。

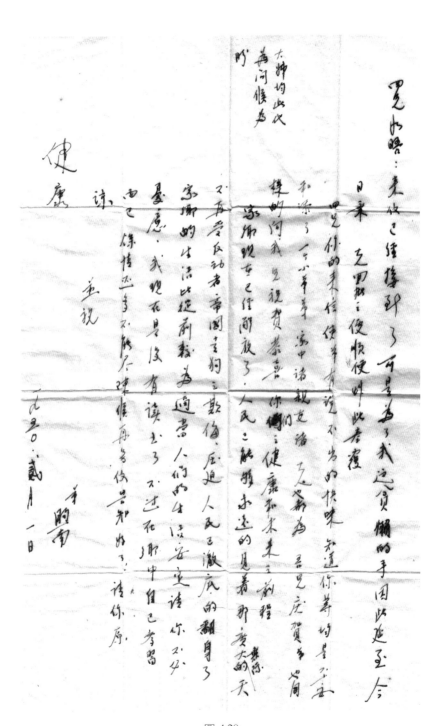

圖 4.20

　　翁亦好於 1950 年七月廿八日寫回批給姑姑説道：「現今祖國非常平靜，人民安居樂業……現今政府與叻差不多了，我住得非常快樂。但你若是有搬往汕頭，你可收了回家來住一二年，甚好，勿誤為要。」（圖 4.21）看來，翁亦好是從新加坡回祖國的華僑，覺得解放了的新中國與新加坡的生活差不多，勸姑姑也回國住些日子。

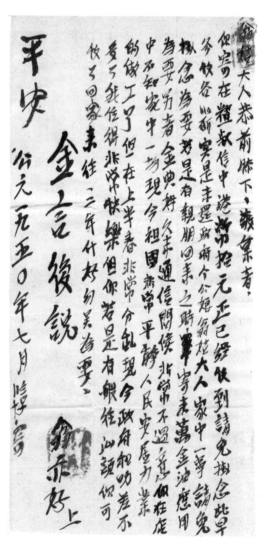

圖 4.21

　　解放後，人民當家作主，年紀小的去學校讀書，年紀大的參加工作。揭西河婆的張鏡秋寫給馬來亞吉隆坡的弟弟殊幹的回信中說道：「此人民政府欲叫我去合作社工作。」（圖4.22）合作社即如今的供銷社，設在各村鎮，專門供應各種日用品和副食品類的商店。而能分配到機關單位的人更是幸運兒，羅裕廉在寫給伯父伯母的回批中報告了一個喜訊：「我現在普寧縣僑

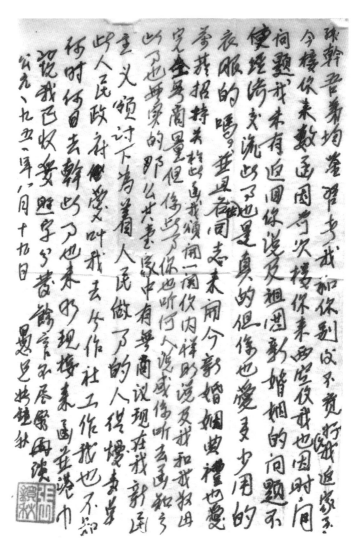

圖4.22

聯工作。」（圖4.23）回批封上還用流利的英文寫了伯父在馬來亞的地址。當時英文尚不普及，懂得英文的人極少，像羅裕廉這樣能流利寫英文的更是百裏挑一，所以黨和政府把他安排在僑聯工作，可發揮他的一技之長。

　　解放了，湧現出許多新形象、新事物、新景觀，華僑深感新奇和欣喜，也紛紛寫批信來詢問，表現出他們熱愛祖國的赤子情懷；同時，海外華僑也揚眉吐氣，心情十分舒暢。泰國華僑劉潮俊於1951年六月七日在寫給雙親的批信中説道：「家鄉自解放後，在毛主席領導下，封建勢力已告清除，資產階級經被打倒，不論交通、水利等要旨，凡屬國計民生者，莫不落力改建，海外華僑多閱報章，每得佳訊，除少數頑固分子外，莫不額手

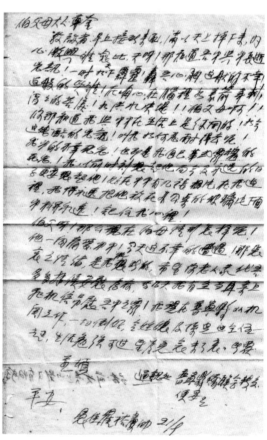

圖 4.23

稱慶，躍躍思歸。候至開正，苟有微利入手，男當買棹回里。」（圖 4.24）
劉俊潮在海外常看報紙，對祖國的變化情況十分了解，也歡欣鼓舞。他在
此封批信中還説道：「我鄉現豈設有夜學練習班？婦女加入普遍否？祈此示
知」，開辦夜校、掃除文盲，也是解放初期掀起的高潮之一，從他後來寄
來的多封批信中得知，他再三鼓勵妻子和妹妹去讀夜校，説明了他思想開
通，對新生事物十分支持。

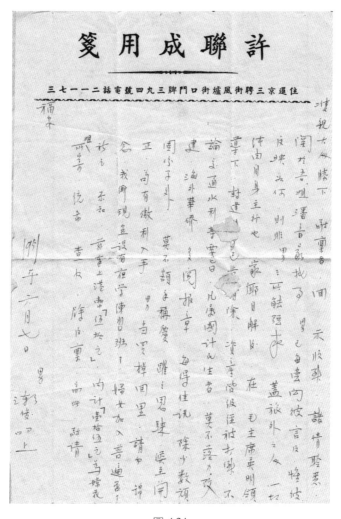

圖 4.24

　　林邦禮於民國卅九年（1950）十二月廿四日寫回批給吉隆坡的許業勤説道：「解放後因校長逃走，學校負責無人，弟和幾位友人努力堅持到底，貫徹始終。」（圖 4.25）因解放後有些人逃去國外，但林邦禮幾人雖「全學期不過領二個月的數額」，工資十分少，校長逃走了，學校無人負責，但林邦禮等人仍堅持辦學，他們對剛解放的中國充滿了信心。

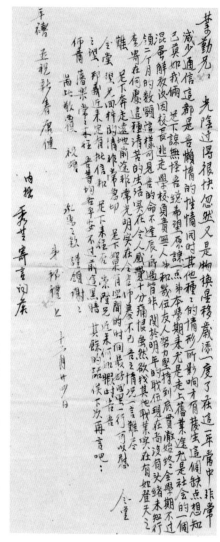

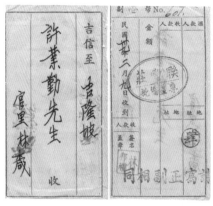

圖 4.25

六、「新唐」往來，阻難重重

外國政府對華僑嚴加「管理」，要討到一張「入口字」並非易事。新加坡華僑陳樹佳於民國卅七年（1948）正月初八日寫批信給母親說：「近來政府一時變遷，並無固定，現然欲入口，由新加坡生長字（出生證）正有可能入口也。」（圖4.26）；僑眷要入新加坡籍，政府卡得非常嚴，非得有新加

圖 4.26

坡的出生證不可。新加坡華僑鄭續舉於 1954 年 5 月 30 日寫批信給母親說：
「兒在去年底已有向移民廳申請你們兩人的入口字，但在一星期前已收到移
民廳的回信，內言兒的生活程度沒法申請兩人的入口字。」（見圖 4.27）；
除了要求有出生證之外，還要求華僑的生活經濟條件好，才能批准僑眷入

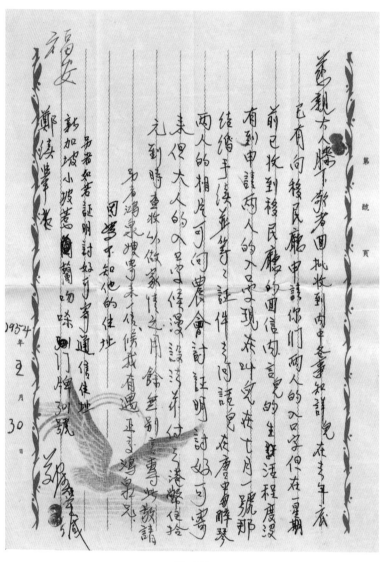

圖 4.27

籍。他於同年十一月初七寫給母親說：「大人申請入口字現時完全不能進
行，因為政府律例，申請父母入口非六十歲以上完全不准申請」；這又是新
加坡政府卡僑眷入境的另一手段：要求僑眷須在 60 歲以上。這些關卡使得
華僑不得不止步。接着，同年十二月初九日他又寫給母親說：「大人之申請
字，兒已費盡九牛二虎之力，無奈政府至今尚不批准，實在無法，非兒之
不忠也。」（見圖 4.28）；這幾封僑批反覆證明了要辦入口字受到外國政府種
種規定的阻攔，大大限制了「新唐」的增加。

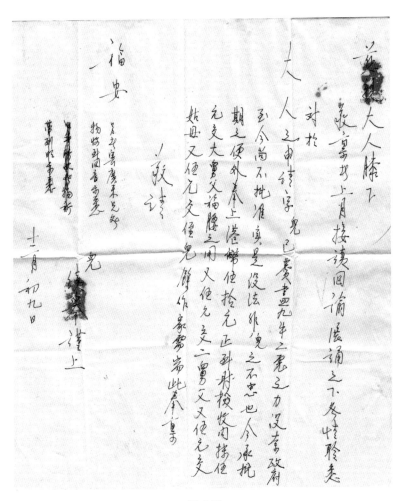

圖 4.28

　　泰國華僑劉潮俊的僑批更是把這一現象刻劃得入木三分。劉潮俊於1953 年 7 月 22 日寫批信給妻子謝氏說：「你說欲叫我做入口字給你來暹，這時候我敢斷定，實實在在是無法做到的。因為當時暹政府對華僑來暹的移民人數，限額已經充滿，此時候如欲用正式手續、正式途徑來暹，是絕對無可能的。如果在此時期還能來暹的人，都是暹羅有財勢力足做後盾、疏通當地職官，滴油有權人物，以銀彈去進行的。像我一般依人籬下，受薪水階段的人，休想有能力可使唐中眷屬來暹。因為無巨款可以去進行疏通和滴油的，所以我希望你此刻打消此念頭，繼續在家代我效力，候待日後有機會時，再作商量。」（圖 4.29）從這封批信的開頭來看，劉潮俊已經離家七八年了，七八年間批信非常稀少，因此妻子一方面寂寞難耐，一方面也生活困頓，想去暹與夫團聚，於情於理都無可非議。但正如劉潮俊在批信所提到的「我現在的職業是做什貨店的心賢」，沒有巨款去賄賂有關部門的長官，妻子要去暹簡直比登天還難。

　　如圖 4.30，這是一封長信，實物長 53 釐米，中心內容是關於「入口字」一事。從批的內容看，新加坡華僑黃乾室的大兒子黃源泉回家鄉結婚，兩個弟弟黃源順、黃源興也隨之回鄉，一時未能回叻，他們的「字頭本來是永久的，因現今是緊急時期，因我未到移民局查問明白，此字用申請或免，後信自然寫去你知」。而要申請新入門的兒媳婦來叻，手續更為複雜：「你夫妻結婚兩人合影相片及婚書帖手續須當早理清楚，須欲你自己申請，方才有效。」這個時期是新中國剛成立不久（1950 年十二月初九日），新加坡政府對中國的敵對態度是明顯的，如批信中所說的「現因政府無收中國保家信」，連原先有永久入口字的華僑在這個時期回國後想再回叻都岌岌可危，更何況是剛申請的呢？華僑回國娶親，想把新婚的妻子帶回新加坡，須辦理一系列的手續，還得自己親自去辦，這都是當年外國政府卡華僑和僑眷的種種手段。

　　如果不顧一切地貿然前往，等待着家眷的是牢獄之災。如圖 4.31，劉天甄於 1951 年十一月初一寫給哥哥劉天纏的回批中說道：「去年聽說你遇到一場禍事，系知道姪兒雖係得免被禁，但嫂嫂並道兩姐妹等都被英政府

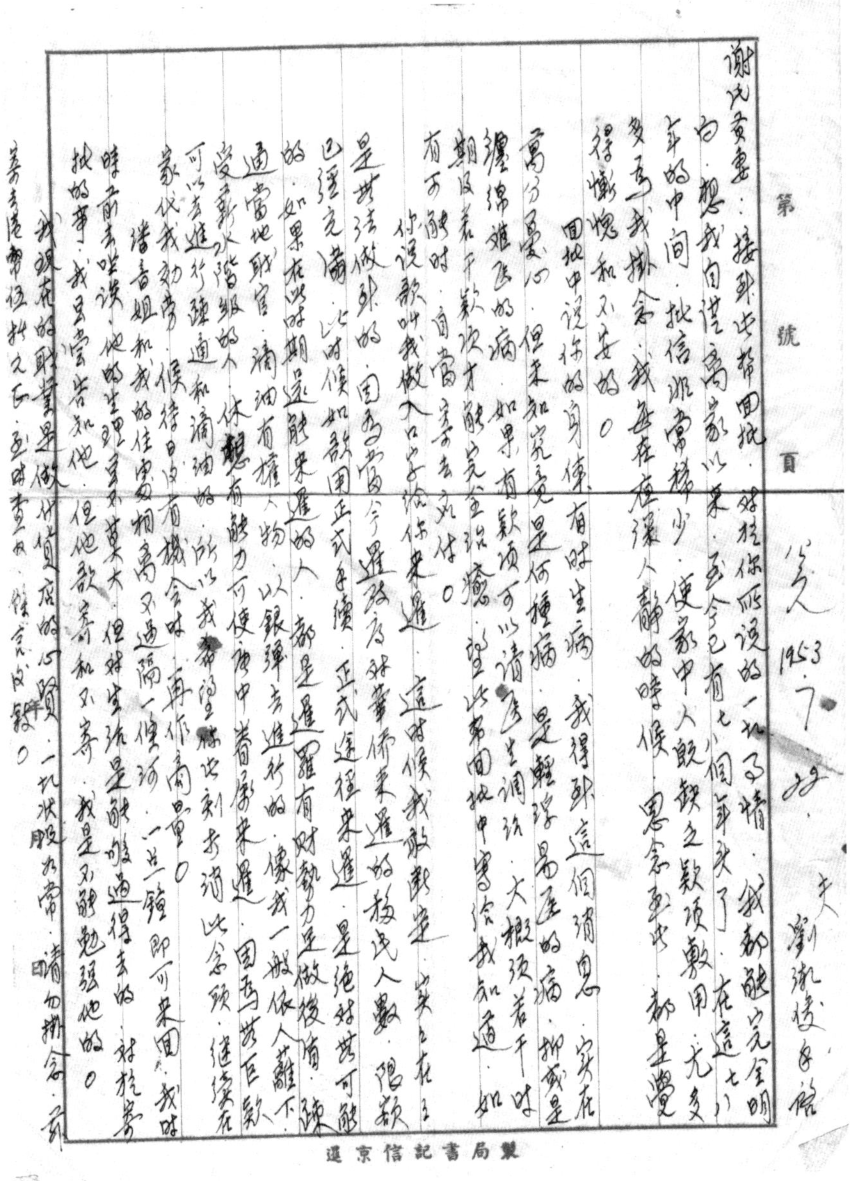

圖 4.29

第　號　頁
謝氏貞妻：接到此番回批，對於你所說的一切事情，我都能完全明
白。想我自從離家以來，至今已有七八個年頭了。在這七八
年的中間，批信非常稀少，使家中人缺乏之款項，敷用尤多
多。又我掛念，我每在夜深人靜的時候，思念至此，都是覺
得慚愧和不安的。
回批中說你的身體有時生病，我得到這個消息，實在
萬分憂心，但未知究竟是何種病，是輕淺易產的病，抑或是
纏綿難愈的病，如果有款項可以請醫生調治，大概須若干時
期，及若干款項才能完全治癒。望此番回批中寫給我知道，如
有不夠時，自當寄去支付。
你說叫我做入口字給你來暹，這時候我敢斷定，以失之在
是無法做到的。因為現今暹政府對華僑來暹的移民人數，限額
已經充滿，此時候如欲用正式手續，正式途徑來暹，是絕對不可能
的。如果在此時期是能來暹的人，都是暹羅有財勢力足做後台
通，當地政官，請調有權人物，以銀彈去進行的。像我一般依人籬下
受薪水階級的人，休想有能力可使政府中當局來暹，因為甚巨款
可以去進行疏通和請調的。所以我希望你此刻去消此念頭，繼續在
家代我勤勞，候待日後有機會時，再作商量。
譜音姐和我的住處相離不過隔一條河，一點鐘即可來回。我時
時前去叫說，他的生理算不算太大，但對生活是能夠過得去的。對於寄
批的事，我且嘗告知他，但他款寄和不寄，我是不能勉強他的。
我現在的職業是做什貨店的小賬，一九……如常，請勿掛念。茲
寄去港幣伍拾元正，至時查收。餘言後敘。
公元 1953 7 28
夫 劉……手啟
暹京信記書局製

圖 4.29

圖 4.30

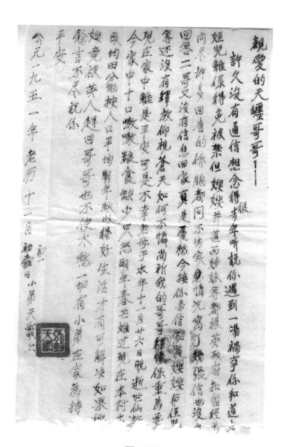

圖 4.31

扣留。經弟問盡許多回唐的僑胞，都問不出實情況，寫了幾張信也沒有回答，二哥又沒有信息回家，真是憂愁。今接你來信，知道嫂嫂與姪兒等還沒有釋放，仰視蒼天，如何不憐？」可見，英政府對婦孺之輩並沒有網開一面，從去年至今仍被監禁，而且還有「被英人趕回」之虞，這些都反映了外國政府對僑眷入境嚴加控制的實況。

七、全新氣象，海外宣傳

　　解放啦，廣大僑眷從中領略到新中國的優點和好處，僑眷利用寫回批的機會，像拉家常一樣向海外宣傳解放後中國的新氣象。如圖 4.32，陳彌臣在給表妹品嬌的回批中表揚她「寫的字也會進步」，然後便循循善誘教導她說：「時光是寶貴的，每一青年人都必須要深造，學習是一件最要緊的工作，列寧一句話：學習學習再學習，這樣才是光榮。有暇請時通信，以悉兩地生活及情況。」當時列寧的「學習、學習、再學習」這句話很出名，在中國 50 年代幾乎是家喻戶曉，尤其是年青人經常用於互相鼓勵、追求進步。

　　當年學文化、掃除文盲形成一股熱潮。彭春毓於 1952 年六月八日在寫給老嬸葉吉的回批中寫道：「亞才讀什麼年級，希望你要好好給他讀才對，才不會失掉前途。今天是文化建設的時候，今天每個人都要有文化，才能改善生活。今天祖國文化上已達到最高潮，每個男女青年兒童都有機會進學校，每個人追求文化都是非常迫切、非常重要，沒有文化是不能掌握一切，不能做一切事業。」（圖 4.33）剛解放時，許多青年因以前家貧而無法上學的，也紛紛到學校讀書，以致同班同學相差幾歲甚至十幾歲。年齡更大的則讀夜校或掃盲班。在這封回批中，彭春毓又向他們海外親戚宣傳說：「祖國各方面進展都非常快，如東北耕田都使用拖拉機了，我們平常每人割穀割不到一畝地，用機器能割到六百多畝地；犁田方面每個人犁一畝，用機器能犁二百多畝，人力減少了幾百倍，將這些人力再用到其他地方去，這就可以增加生產，進一步我們這裏也是要達到這個目的，那時候人民的

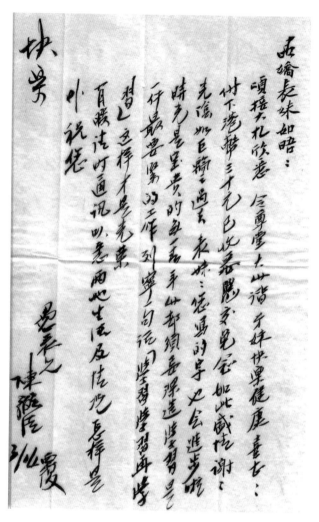

圖 4.32

生活就能真正改善，得到快樂的日子。」彭春毓用馬列主義關於「減少勞動強度、提高生產力、改善人民生活」的理論加上「東北已用上拖拉機」的具體例子，講解得生動、通俗、易懂，向海外華僑描繪了祖國一幅美好前景，並熱切地希望自己的家鄉也早日能用上拖拉機。

　　接着他又介紹他家的具體情況：「現家中耕田為業，夏收已收割了，割穀十四擔之度，接着又是夏種，土改要到秋季才能完成，因地狹人稠，田

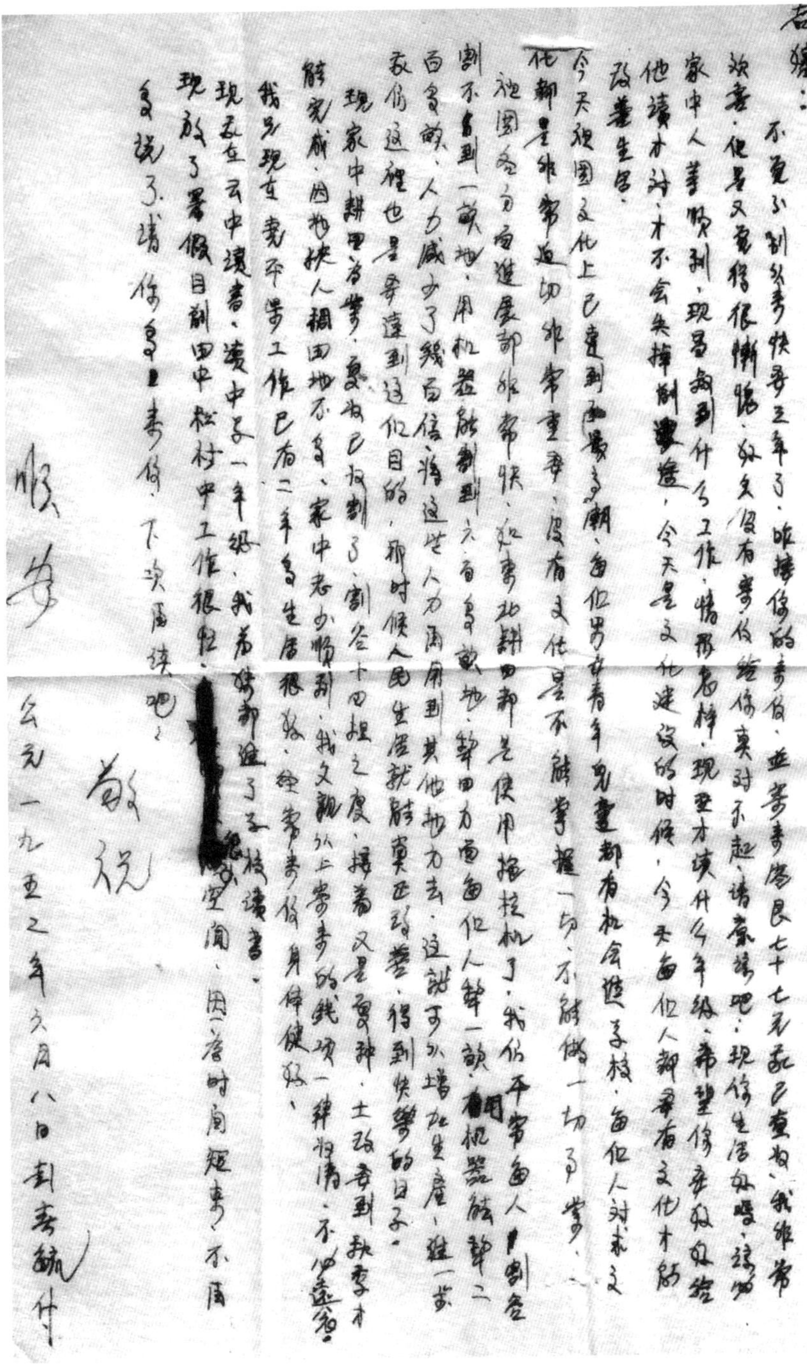

右嬸：

不覺分別父親快要三年了，昨接你的來信，並寄來港銀七十七元款已查收，我非常歡喜，但是又覺得很慚愧，好久沒有寄信給你真對不起，請原諒吧：現你生活好嗎，請家中人寫覆來，現是做到什麼工作，情形怎樣，現要才讀什麼年級，希望你來教我給他讀書才對，才不會失掉對學業，今天是文化建設的時候，今天每個人都要有文化才能改善生活。

今天祖國文化上已達到高潮，每個男女青年兒童都有機會進學校，每個人對於文化都是非常迫切非常重要，沒有文化是不能掌握一切，不能做一切事業。

祖國各方面進展都非常快，如東北耕田都是使用拖拉機了，我們平常每人只割禾割不到一畝地，用機器能割到六百多畝地，耕田方面每個人耕一畝，用機器能耕二百多畝，人力減少了幾百倍，將這些人力再用到其他地方去，這就可以增加生產，進一步教你這裡也是要達到這個目的，那時候人民生活就能真正改善，得到快樂的日子。

現家中耕田沒事，農務已收割了，割谷十四担之度，據著又是要種，土改要到秋季才能完成，因為快人個田地不多，家中老少順利，我又親收上寄來的錢項一律收清，不必遠念。

我男現在農本常工作已有二年多，生活很好，經常來信身體健好，

現在在云中讀書，讀中學一年級，我弟妹都進了學校讀書。

現放了暑假目前回中村中工作很忙，[redacted]沒空閒，因為時間短來，不及多說了，請你多多來信，下次再談吧。

敬祝

順安

公元一九五二年六月八日 封李毓付

圖 4.33

地不多。家中老少順利，我父親以上寄來的錢項一律歸清，不必遠念。我兄現在饒平縣工作，已有二年多了，生活很好，經常來信，身體健好。現我在雲中讀書，讀中學一年級，我弟妹都進了學校讀書。」為了向海外親人描繪在共產黨的領導下中國人民過上了安居樂業的幸福生活，他用蠅頭小楷在一張小小的紙上大約寫了近千個字，真是一位熱心的宣傳員。他的哥哥在饒平縣工作，雖沒說明是幹哪一行工作，但肯定是一門固定穩當的工作，已經工作兩年多了，生活安定；他自己已經念到初中一年級，弟妹也都進了小學讀書，真是一幅祥和幸福的生活景象。

八、重視僑匯，政策指導

　　孫中山先生說：「華僑是革命之母。」在和平年代，華僑也一樣對祖國有巨大的貢獻。各級政府歷來十分重視華僑工作，關心僑批業和僑眷。

　　曾任中國人民銀行普寧支行專門負責僑批工作的副行長蕭國強在《普寧縣輔導回批回文工作的做法》一文中披露道：「掌握僑眷每個時期的思想動態，輔導的方向就更明確，效果也會更大。他們充分發揮派送員的作用，結合僑匯派送工作，調查僑眷思想情況……定期聯繫，定期彙報，綜合分析，掌握僑情，然後對症下藥。」（見《僑批文化》第七期第 60 頁）。這個時期的僑批派送員，任務並不是單純分發僑批，而是成為工作隊員，兼做僑眷的思想工作，甚至幫助他們寫回批，宣傳党對華僑的優惠政策，使華僑消除顧慮，多寄僑批，有的甚至全家從國外欣然回國。這種做法並非普寧一個縣獨有，其他地方也一樣。許多僑批派送員自家貧窮、生活艱難，每天要走近百華里的路，分送上百封僑批。有些僑批派送員代僑胞眷屬書寫回批，資助家境困難的學子等。

　　揭陽西門外東林秦厝頭的林毓海想建新屋，但是如何能得到僑居泰國兄嫂的援助，實在是一件頗費思量的事。在僑批派送員的輔導下，選擇了新春喜慶的大好時機，他給兄嫂寫了一封回批：「在這新春之際，讓我們

祝賀吾胞兄嫂、姪兒們在外身體平安、生意隆盛、各事順遂。在這新春之喜，再回梓省親，為吾祖爭光，為胞弟造蒙幸福，切切。」（如圖 4.34）然後筆鋒一轉，「另順稟達者，俺村意議定在五壁連後要建後樓，叔孫優待俺是華僑之家，給俺有滿公廳後厝地二間，動工議定新年八月份，今順告知，勿失良好之機，請胞兄嫂以盡助一力，政府有正價建材優待。」他巧妙地把政府重視「華僑之家」與建新屋聯繫在一起，更與光宗耀祖聯繫

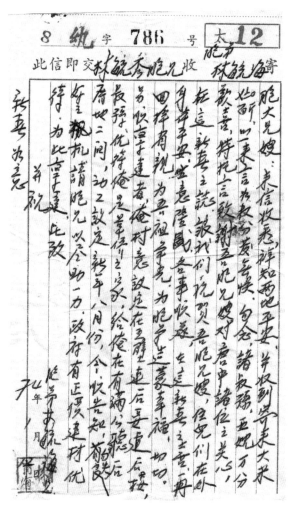

圖 4.34

在一起，也說到兄嫂回家探親時有房可住，恰如其分地向兄嫂提出援助要求，入情入理，使兄嫂容易接受，何況還有公價的建材供應，真是萬事俱備、只欠東風，這樣，海外的華僑還能無動於衷嗎？

　　二十世紀的 60 年代，我國的化肥仍需進口，耗費了大量的外匯，於是便出現了號召華僑寄化肥回國可補貼大米、魚肉甚至建築三材——水泥、木材、鋼材的現象，下面這封回批就是反映了當時的現實。如圖 4.35，是外砂鄉蓬中村鎮安寫給胞兄鎮河的回批：「鎮河大哥手足：徑啟者，茲此次俺鄉受潮水、田園失收少收，在糧食方面食少，生活困難。上信曾告知，想必收接。可知在俺國內商品肥料多是外來，目前俺鄉肥料不到供應，故

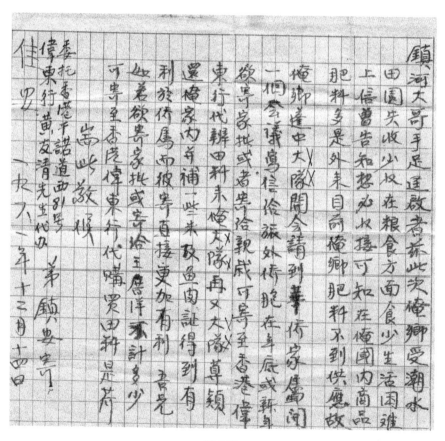

圖 4.35

俺鄉蓬中大隊開會，請到華僑家屬開一個會議，寫信給旅外僑胞，在年底或新年欲寄家批或者寄給親戚，可寄在香港偉東行代辦田料來俺大隊，再由大隊算款還俺家內，並補一些米及魚肉證，得到有利於僑屬，比寄直接更加有利，吾兄如若欲寄家批或寄給王厝洋，不計多少，而可寄至香港偉東行，代購買田料是荷！」後面還寫上偉東行在香港的地址及連絡人姓名等。

這封回信同樣可以體現出政府重視僑匯、指導僑眷寫回信的具體情形，讓華僑匯款不如買成肥田料，回國後不僅可以折成錢，還可得到米魚肉證的優惠，比直接匯款更划算，代寫回批的僑批代送員及時把這一信息告知海外華僑。

有些華僑受大隊幹部的熱情鼓動，捐贈田料給集體，表現出愛鄉的更高境界。

如圖4.36，是新加坡華僑孫坤記於辛丑年（1961）五月初九寫給兒子英輝的僑批，上面寫道：「此次華僑全熱心故國，為振興農產起見，匯寄田料回塘，將來晚造農產定有豐收之樂，吾族農民定有光榮之望也。此次吾有

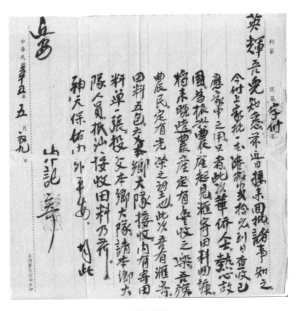

圖 4.36

匯寄田料五包交本鄉大隊接收，內有寄田料單一張，投交本鄉大隊，請本鄉大隊人員抵汕接收田料為荷！」看來，捐寄田料的華僑不只是個別人，數量十分可觀，孫坤記一人就捐了 5 袋，而且他從田料已看到晚造豐收之樂、吾族農民的榮光，愛國愛鄉之情由然而生。更難能可貴的是他把民國時期的信箋仍舊物利用，可見他平時是十分儉樸的，但在捐獻給家鄉方面卻十分慷慨大方，這就是華僑寬闊的愛國情懷。

　　如圖 4.37，華僑林統茂於 1962 年十二月三日在寄給妻子美娟的批信中

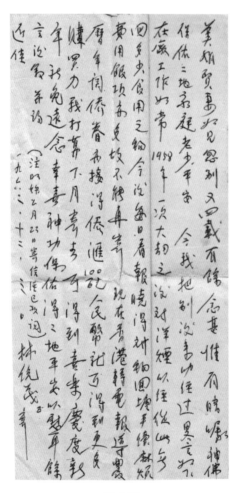

圖 4.37

也這樣寫道：「現在香港轉電報導，農曆年關僑眷亦接得僑匯 100 元人民幣，就可得到更多購買力，我打算下個月寄去，可得到喜樂慶度新年。」批信中所說的「購買力」即是政府照顧僑眷可以享受購買一些副食品或糧食的「優待政策」，林統茂在海外聽說香港報紙上宣傳有這個優待政策，馬上表態要在春節前多寄些僑匯來，讓家人歡度春節。

九、華僑房屋，落實政策

改革開放後，落實了一系列的政策，其中落實華僑房產政策是一項影響面較大、深受華僑僑眷擁護的政策，此項政策的落實，是把 1958 年被納入社會主義私產房屋改造的房屋退還給華僑業主，維護了華僑的合法權益，爭取華僑愛國之心，使他們更加支持祖國建設大業和統一大業。

新加坡華僑陳鴻璧於乙丑年（1985）九月十三日寫批信給女兒惠英、女婿趙賢說：「悉房屋前已經政府沒收，現然房屋一律退還華僑，如後廳大房不是二叔自己的業，是賣璧、雙份額，先前分家後正賣草寮地一塊、白灰埕內房一間、將軍地園一塊，將此銀項與欽如買後廳大房，當時張字（房契）就是寫鴻璧、鴻宜、鴻雙三個名，然後政府沒收，張字政府取去，不知去向，省客巷新厝就是二叔自己份額。如若到時能退還，就你份額三份得一份，以此通知。」（如圖 4.38）從內容看來，陳鴻璧家鄉有一座房屋解放後被政府沒收，得益於改革開放的春風，才能有機會把被政府沒收的房子歸還，但由於年代太久了，兒孫輩當年的年紀又太小，只好由父輩回憶當年的房產歸屬情況，避免引起不必要的紛爭。陳鴻璧在信末還特意加上一句話：「如若取上手，就此時候分清楚，日後免生意見。」可見老人家對房產問題是經過深思熟慮的。

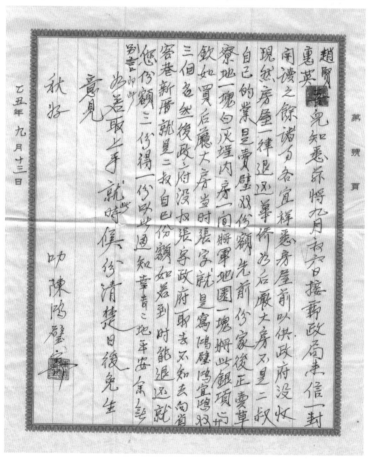

圖 4.38

附
錄

　　僑批是華僑家書與匯款合一的特殊載體，濫觴於水客攜帶，全盛於批局解送，止於銀行、郵局寄匯。海內外民間創辦的僑批特殊郵路，在世界上獨一無二，在中國亦唯粵、閩、瓊有之，銀信合一，有錢有信，錢是汗水換來，信是真情寫就，反映中外歷史、華僑事跡，社會世事、風土人情、鄉恩親情，內容甚豐。選堂饒公宗頤題詞以「海邦剩馥」譽之，又言「盈天間之一切資料，無非史也。」論允喻切，直指本原，辛亥革命，舉國一新，華僑導乎先路，當年之家書，固今日之信史也。

一、清末僑民的流寓圖

　　如圖 5.01 這是一封清朝癸卯年（1903）由馬來亞寄往梅州松口的水客封，按信中所寫，是「逢古省三伯回唐之便順託寄奉一稟，外洋五大元」。當時的交通不便，這封從古省（古省，今馬來西亞的古晉）十一月初二託出的僑批，一直到第二年的正月初十才到吡叻，已經過了兩個多月了，再由吡叻到中國梅州松口，還要有相當長的一段時間，這讓我們看到當年水客封的漫漫郵路。

　　這封水客封到現在已經 119 年了，但是保存完好，十分難得。這封用毛筆楷書的批信，字體端莊，一絲不苟，這在僑批中並不多見。更為難能可貴的是，在短短的十幾行裏，描繪了清朝末年僑民往來於國內外的情形，海外遊子思鄉念親之情躍然紙上，讓我們在百年之後讀到，仍感歎不已！

　　首先，在海外的遊子饒思良稟告母親大人，兩個月前二哥還鄉時他曾寄一票外洋銀五元給她。然後談及在本店接到父親來信，知道父親十月中

內信外洋銀伍大元敬煩
上用省三伯五歲里之便請交松市
元和鋪鐵店收下煩轉交
家母氏陳安稟
　自梹姪饒恩良拝記

母親大人尊前金安敬稟者前月初弍日達二哥回里曾寄一
稟外洋銀伍大元諒早日收到廿四日本屋接　父親大
由家發來信壹封諸事諒男亦已均悉而去要十月十外方能
動身出省採办未梹此時早已均安抵港然刻下男仍
尚未接　父親抵港来信故通来卜吾　母大人玉體
康健合家均吉平安吾心殊掛念現明哥在梹身體康
安男亦平善即現每殷食飯各莘亦仍有加添較前
達二哥回家時男身体仍覺康健好多矢伏望吾
母大人勿憂遠憲也至男回唐現快意準定明春與
父親大全回就是兹達吉省三伯回唐之便順托寄奉
一稟外洋銀伍大元到請查收以為吾　母大人買肉之需
所有諸事諒明哥信內詳焉故男不多稟謹此叩
請
金安
蕭珎合家均各平安
　　　　　　　男　思良脆稟
　　　　　　　癸卯七月初弍日

圖 5.01

旬動身，出省採辦，估計已經到了香港。接着問到母親和家人平安否，十分掛念，並一再說明在海外的另一個哥哥明哥（即大哥思明）身體康安和自己身體平善，連每餐飯量增加了也詳細稟明，免母親遠慮。談及要回唐山一事，便現「快意」，決定明春與父親同回。最後還說得便託人寄外洋銀五元，給母親大人作買肉之需。

　　從批信來看，思良一家在馬來亞開店作生意，父親和二哥剛回家鄉，自己也準備回鄉，往來相當頻繁。兩月共寄外洋銀 10 元，在當時來說已經不是小數目，應該是經商有成、站穩腳跟了。信中沒說什麼大事，但正是這些「尚能飯否」和老人「無肉不飽」的古老經驗，才是遊子最關心、最想說的事情。

　　2008 年 6 月，我們和汕頭大學圖書館館長楊明華等人一行到梅州實地採訪，得知饒思良與其父親饒實甫還有一段有趣的故事。

　　如圖 5.02，是馬來亞華僑饒實甫先生於辛亥年十一月初八日寫給松口家鄉兒子饒思良的僑批。這時，辛亥革命成功，清帝遜位，民元未始，正是清、民之交的非常時期。

　　批信首先詢問了家鄉水災情況和所寄邊銀、衣物是否收到諸事，特別提到家裏要購買「左輪手炮」事，反映當年政局變化時，夾雜而來的一些動亂，所以想購買槍支：「家中老式舊的六連兼之生鏽，此雖不甚好用，若辦得有碼仔到手，亦可以防不備之虞。」可見，饒實甫的家在當地是一戶大戶人家，在清民之變的動盪時期，他擔心家中的安全，萌發出叫家人購買槍支保家護宅的念頭，而原先買的槍支恐年久失效了。

　　批信中說到最重要的事，是族中長輩「芙裳先生前月十七復接粵都督來電，要回國任教育副長，此職難辭。故廿四日乘英郵船回去。當時爾父、三弟甚欲同回。芙裳先生力謂其『此日建設一切未成，人心不定，誠恐變亂，實有不測之虞，俟吾回去一看，自有信來相商，不若新正定奪為妙』云云。」當時辛亥革命剛剛成功，被孫中山先生稱為「革命之母」的海外華僑想回國效力、建設共和的願望，在這一段話中得到很好的體現。

　　據後來的其他信件得知，饒實甫的好友芙裳先生回國擔任廣東省教育

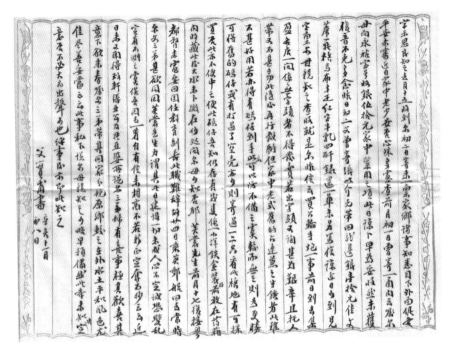

圖 5.02

副長，實甫先生的小兒子思學也通過芙裳先生的介紹，到廣州市就讀政法學院。可見，這時在家鄉松口的思學，一直保持讀書的好傳統，在辛亥年間，剛好是讀大學的年齡和學歷。

信末敘及家事：「近日來又聞得政軒張亞公、張亞婆所說，爾三弟婦有喜事，極其歡喜。其意下欲來春囑爾三弟帶其回家及分娩。原鄉較之在外，水土平和，風色尤佳，盡善妥當云云。此事私下說爾母親知之，可略早預備。」華僑居住海外，讓子女回家鄉讀書，學習中國的傳統文化，留住中國根，這是海外華僑的傳統做法；而三媳婦的孩子要出生，特地返回故里分娩，這卻是特例。饒老先生筆下寫到「水土平和、風色尤佳」，他心目中的家鄉松口，這個粵東千年客家古鎮、廣東內河第二大港，是依山傍水、水陸交通便利的商貿重鎮，那「自古松口不認州（梅州，古稱嘉應州）」的自豪和眷戀，盡表露在這 8 個字中。

（圖 5.01 由僑批檔案館收藏）

二、來自饒宗頤教授故里的清末民初僑批

前面介紹的兩封饒姓女子的清代僑批和清、民之交的僑批，都託寄錢寄物往松口，並出身於書香門第。

饒姓、松口和書香門第，由此使我們聯想到饒宗頤先生的祖上也是松口人，因而欲一探究竟，查看他們是否沾親帶故？據饒先生 16 世祖良濱公所作《昭穆奕世名次小序》中云：「14 世祖從松口帶來族譜一本」，其「世系八句」中的「仕昌協顯良興見旭」，饒宗頤先生屬於十九世「旭」字輩。饒宗頤先生祖上是 14 世從松口遷來潮州，就憑這一點，我們判斷饒實甫一家是饒宗頤先生的同宗老鄉。

託梅州林騰雲輾轉購得《念二郎元貞公世系饒氏族譜選堂拜題》（圖5.03）非常興奮。既然是饒老所題，則內容必定有關。

圖 5.03

　　翻開一看，果然猜想並不離譜，饒老和饒實甫都屬於松口銅琶樂隱公系，也就是説，他們都是樂隱公的後世子孫。樂隱公系下分為仲華公系和仲榮公系。饒老屬仲華公系邦憲公祠，十二世移潮安，開基仕保公祠；饒實甫屬於仲榮公祠，居本村荔香園。饒實甫為十五世，原名饒肇華，實甫是表字，生子五：思明、思良、思文、思九、思學。如批信中所言，小兒子思學不幸早逝。據《族譜》所載，如今其他 4 個兒子早已子孫滿堂、瓜瓞綿綿、五世其昌，有的居印尼，有的居泰國，有的居香港，有的居廣州，也有居汕頭的（如思九的長子榮吉、孫子士煌等）。

　　松口銅琶宗祠依山傍水，人傑地靈，人文蔚起，在清代曾有十六世復甫公及兩子世軒、世軫父子三進士，泗坑後裔輔庭是辛亥革命黃花崗七十二烈士之一，可見這是一個充滿文化氣息和革命傳統的家族。

　　我們潮汕出了個饒宗頤，其深厚的家學淵源，可以追溯到其曾祖父良詢（屬十六世），字少泉；祖父興桐，曾任潮州商會會長，教育兒孫讀書，廣佈德澤，甚有眾譽；父親饒鍔，畢業於上海政法學院，學成返回潮州，曾任《粵南報》主筆。論及饒宗頤先生家學淵源，固非必遠溯松口，然知其祖籍，乃耕讀傳世之鄉，識其遠祖係書香門第之家，當亦不無小補焉。

　　饒老在潮州市的舊居曾被人開辦為松興泰僑批局。饒老十分重視僑批研究和僑批文物館的建設，多次參觀了僑批文物館，並在潮汕歷史文化中心做了有關潮汕僑批的演講（圖 5.04）稱其「堪與徽州契約媲美」，並多次為僑批文化研討會題詞（圖 5.05）下面我略舉饒氏宗族的一封僑批。

　　華僑饒思文於 1911 年九月十九日（11 月 9 日）寫信給母親描述道：「昨聞北京既為革命軍所陷，此間不論老少皆一體剪髮。父親大人及芙裳先生亦於昨日剪去，蓋國家既新，則人亦不可不有新。」（如圖 5.06）

　　寥寥幾句，把辛亥革命之風吹到南洋而引起的轟動描述得栩栩如生。清宣統三年（1911）10 月 10 日孫中山領導下的新軍工程第八營革命士兵打響了武昌起義的第一槍，鏖戰竟夜，控制了武昌，組成武昌革命政府，11 月上旬，革命軍打進了南京城，1912 年元旦，孫中山在南京宣誓就職，頒發了一系列有利於社會進步的法令，如禁止纏足、蓄辮、賭博、種植鴉片等。

圖 5.04

圖 5.05

饒思文的父親饒實甫和社會名流芙裳先生（芙裳先生 1911 年回國擔任廣東省教育副長）都屬於華僑中的上層人物，率先接受革命思想；而作為兒子的饒思文在父親身邊也耳濡目染，直接受到了很大的影響，提出「國家既新，則人亦不可不有新」的看法，表現出他對社會萬象更新積極擁護的態度。

圖 5.06

僑批兩地情：
僑批中的家國情懷

沈建華　著

責任編輯　王春永
裝幀設計　鄭喆儀
排　　版　黎　浪
印　　務　劉漢舉

出版　　中華書局（香港）有限公司
　　　　香港北角英皇道 499 號北角工業大廈一樓 B
　　　　電話：（852）2137 2338　傳真：（852）2713 8202
　　　　電子郵件：info@chunghwabook.com.hk
　　　　網址：http://www.chunghwabook.com.hk

發行　　香港聯合書刊物流有限公司
　　　　香港新界荃灣德士古道 220-248 號
　　　　荃灣工業中心 16 樓
　　　　電話：（852）2150 2100　傳真：（852）2407 3062
　　　　電子郵件：info@suplogistics.com.hk

印刷　　美雅印刷製本有限公司
　　　　香港觀塘榮業街 6 號海濱工業大廈 4 樓 A 室

版次　　2022 年 12 月初版
　　　　© 2022 中華書局（香港）有限公司

規格　　16 開（230mm×160mm）

ISBN　　978-988-8808-52-6